老科学家学术成长资料采集工程
中国科学院院士传记

碧空丹心
陈敏华 传

毛天祥 王柏懿 著

1917年	1935年	1944年	1954年	1978年	1980年	2013年
出生于江苏苏州	考入清华大学	赴美国麻省理工学院学习	回国工作	获中国科学院重大科技成果奖	当选中国科学院学部委员	逝世于北京

老科学家学术成长资料采集工程
中国科学院院士传记 丛书

碧空丹心
李敏华 传

毛天祥 王柏懿 ◎ 著

中国科学技术出版社
上海交通大学出版社

图书在版编目（CIP）数据

碧空丹心：李敏华传／毛天祥，王柏懿著．—北京：中国科学技术出版社，2015.1

（老科学家学术成长资料采集工程 中国科学院院士传记丛书）

ISBN 978-7-5046-6727-4

Ⅰ.①碧… Ⅱ.①毛… ②王… Ⅲ.①李敏华（1917—2013）－传记 Ⅳ.① K826.14

中国版本图书馆 CIP 数据核字（2014）第 233621 号

出 版 人	苏 青 韩建民
责任编辑	韩 颖
责任校对	凌红霞
责任印制	张建农
版式设计	中文天地

出 版	中国科学技术出版社 上海交通大学出版社
发 行	科学普及出版社发行部
地 址	北京市海淀区中关村南大街16号
邮 编	100081
发行电话	010-62173865
传 真	010-62179148
网 址	http://www.cspbooks.com.cn

开 本	787mm×1092mm 1/16
字 数	193千字
印 张	13
彩 插	2
版 次	2015年1月第1版
印 次	2015年1月第1次印刷
印 刷	北京华联印刷有限公司
书 号	ISBN 978-7-5046-6727-4 / K·162
定 价	42.00元

（凡购买本社图书，如有缺页、倒页、脱页者，本社发行部负责调换）

老科学家学术成长资料采集工程领导小组专家委员会

主　任：杜祥琬
委　员：（以姓氏拼音为序）
　　　　巴德年　　陈佳洱　　胡启恒　　李振声
　　　　王礼恒　　王春法　　张　勤

老科学家学术成长资料采集工程丛书组织机构

特邀顾问（以姓氏拼音为序）
　　　　樊洪业　　方　新　　齐　让　　谢克昌

编委会
主　编：王春法　　张　藜
编　委：（以姓氏拼音为序）
　　　　艾素珍　　董庆九　　胡化凯　　黄竞跃　　韩建民
　　　　廖育群　　吕瑞花　　刘晓勘　　林兆谦　　秦德继
　　　　任福君　　苏　青　　王扬宗　　夏　强　　杨建荣
　　　　张柏春　　张大庆　　张　剑　　张九辰　　周德进

编委会办公室
主　任：许向阳　　张利洁
副主任：许　慧　　刘佩英
成　员：（以姓氏拼音为序）
　　　　崔宇红　　董亚峥　　冯　勤　　何素兴　　韩　颖
　　　　李　梅　　罗兴波　　刘　洋　　刘如溪　　沈林苣
　　　　王晓琴　　王传超　　徐　捷　　肖　潇　　言　挺
　　　　余　君　　张海新　　张佳静

老科学家学术成长资料采集工程简介

老科学家学术成长资料采集工程（以下简称"采集工程"）是根据国务院领导同志的指示精神，由国家科教领导小组于 2010 年正式启动，中国科协牵头，联合中组部、教育部、科技部、工信部、财政部、文化部、国资委、解放军总政治部、中国科学院、中国工程院、国家自然科学基金委员会等 11 部委共同实施的一项抢救性工程，旨在通过实物采集、口述访谈、录音录像等方法，把反映老科学家学术成长历程的关键事件、重要节点、师承关系等各方面的资料保存下来，为深入研究科技人才成长规律，宣传优秀科技人物提供第一手资料和原始素材。按照国务院批准的《老科学家学术成长资料采集工程实施方案》，采集工程一期拟完成 300 位老科学家学术成长资料的采集工作。

采集工程是一项开创性工作。为确保采集工作规范科学，启动之初即成立了由中国科协主要领导任组长、12 个部委分管领导任成员的领导小组，负责采集工程的宏观指导和重要政策措施制定，同时成立领导小组专家委员会负责采集原则确定、采集名单审定和学术咨询，委托中国科学技术史学会承担具体组织和业务指导工作，建立专门的馆藏基地确保采集资料的永久性收藏和提供使用，并研究制定了《采集工作流程》、《采集工作规范》等一系列基础文件，作为采集人员的工作指南。截止 2014 年底，已启动304位老科学家的学术成长资料采集工作，获得手稿、书信等实物原件资料52093件，数字化资料137471件，视频资料183878分钟，音频资料224825分钟，具有重要的史料价值。

采集工程的成果目前主要有三种体现形式，一是建设一套系统的"老科学家学术成长资料数据库"（本丛书简称"采集工程数据库"），提供学术研究和弘扬科学精神、宣传科学家之用；二是编辑制作科学家专题资料片系列，以视频形式播出；三是研究撰写客观反映老科学家学术成长经历的研究报告，以学术传记的形式，与中国科学院、中国工程院联合出版。随着采集工程的不断拓展和深入，将有更多形式的采集成果问世，为社会公众了解老科学家的感人事迹，探索科技人才成长规律，研究中国科技事业的发展历程提供客观翔实的史料支撑。

总序一

中国科学技术协会主席 韩启德

老科学家是共和国建设的重要参与者，也是新中国科技发展历史的亲历者和见证者，他们的学术成长历程生动反映了近现代中国科技事业与科技教育的进展，本身就是新中国科技发展历史的重要组成部分。针对近年来老科学家相继辞世、学术成长资料大量散失的突出问题，中国科协于2009年向国务院提出抢救老科学家学术成长资料的建议，受到国务院领导同志的高度重视和充分肯定，并明确责成中国科协牵头，联合相关部门共同组织实施。根据国务院批复的《老科学家学术成长资料采集工程实施方案》，中国科协联合中组部、教育部、科技部、工业和信息化部、财政部、文化部、国资委、解放军总政治部、中国科学院、中国工程院、国家自然科学基金委员会等11部委共同组成领导小组，从2010年开始组织实施老科学家学术成长资料采集工程。

老科学家学术成长资料采集是一项系统工程，通过文献与口述资料的搜集和整理、录音录像、实物采集等形式，把反映老科学家求学历程、师承关系、科研活动、学术成就等学术成长中关键节点和重要事件的口述资料、实物资料和音像资料完整系统地保存下来，对于充实新中国科技发展的历史文献，理清我国科技界学术传承脉络，探索我国科技发展规律和科技人才成长规律，弘扬我国科技工作者求真务实、无私奉献的精神，在全社会营造爱科学、学科学、用科学的良好氛围，是一件很有意义的事情。采集工程把重点放在年龄在 80 岁以上、学术成长经历丰富的两院院士，以及虽然不是两院院士、但在我国科技事业发展中作出突出贡献的老科技工作者，充分体现了党和国家对老科学家的关心和爱护。

自 2010 年启动实施以来，采集工程以对历史负责、对国家负责、对科技事业负责的精神，开展了一系列工作，获得大量反映老科学家学术成长历程的文字资料、实物资料和音视频资料，其中有一些资料具有很高的史料价值和学术价值，弥足珍贵。

以传记丛书的形式把采集工程的成果展现给社会公众，是采集工程的目标之一，也是社会各界的共同期待。在我看来，这些传记丛书大都是在充分挖掘档案和书信等各种文献资料、与口述访谈相互印证校核、严密考证的基础之上形成的，内中还有许多很有价值的照片、手稿影印件等珍贵图片，基本做到了图文并茂，语言生动，既体现了历史的鲜活，又立体化地刻画了人物，较好地实现了真实性、专业性、可读性的有机统一。通过这套传记丛书，学者能够获得更加丰富扎实的文献依据，公众能够更加系统深入地了解老一辈科学家的成就、贡献、经历和品格，青少年可以更真实地了解科学家、了解科技活动，进而充分激发对科学家职业的浓厚兴趣。

借此机会，向所有接受采集的老科学家及其亲属朋友，向参与采集工程的工作人员和单位，表示衷心感谢。真诚希望这套丛书能够得到学术界的认可和读者的喜爱，希望采集工程能够得到更广泛的关注和支持。我期待并相信，随着时间的流逝，采集工程的成果将以更加丰富多样的形式呈现给社会公众，采集工程的意义也将越来越彰显于天下。

是为序。

总序二

中国科学院院长　白春礼

由国家科教领导小组直接启动，中国科学技术协会和中国科学院等12个部门和单位共同组织实施的老科学家学术成长资料采集工程，是国务院交办的一项重要任务，也是中国科技界的一件大事。值此采集工程传记丛书出版之际，我向采集工程的顺利实施表示热烈祝贺，向参与采集工程的老科学家和工作人员表示衷心感谢！

按照国务院批准实施的《老科学家学术成长资料采集工程实施方案》，开展这一工作的主要目的就是要通过录音录像、实物采集等多种方式，把反映老科学家学术成长历史的重要资料保存下来，丰富新中国科技发展的历史资料，推动形成新中国的学术传统，激发科技工作者的创新热情和创造活力，在全社会营造爱科学、学科学、用科学的良好氛围。通过实施采集工程，系统搜集、整理反映这些老科学家学术成长历程的关键事件、重要节点、学术传承关系等的各类文献、实物和音视频资料，并结合不同时期的社会发展和国际相关学科领域的发展背景加以梳理和研究，不仅有利于深入了解新中国科学发展的进程特别是老科学家所在学科的发展脉络，而且有利于发现老科学家成长成才中的关键人物、关键事件、关键因素，探索和把握高层次人才培养规律和创新人才成长规律，更有利于理清我国科技界学术传承脉络，深入了解我国科学传统的形成过程，在全社会范围内宣传弘扬老科学家的科学思想、卓越贡献和高尚品质，推动社会主义科学文化和创新文化建设。从这个意义上说，采集工程不仅是一项文化工程，更是一项严肃认真的学术建设工作。

中国科学院是科技事业的国家队，也是凝聚和团结广大院士的大家庭。早在1955年，中国科学院选举产生了第一批学部委员，1993年国务院决定中国科学院学部委员改称中国科学院院士。半个多世纪以来，从学部委员到院士，经历了一个艰难的制度化进程，在我国科学事业发展史上书写了浓墨重彩的一笔。在目前已接受采集的老科学家中，有很大一部分即是上个世纪80、90年代当选的中国科学院学部委员、院士，其中既有学科领域的奠基人和开拓者，也有作出过重大科学成就的著名科学家，更有毕生在专门学科领域默默耕耘的一流学者。作为声誉卓著的学术带头人，他们以发展科技、服务国家、造福人民为己任，求真务实、开拓创新，为我国经济建设、社会发展、科技进步和国家安全作出了重要贡献；作为杰出的科学教育家，他们着力培养、大力提携青年人才，在弘扬科学精神、倡树科学理念方面书写了可歌可泣的光辉篇章。他们的学术成就和成长经历既是新中国科技发展的一个缩影，也是国家和社会的宝贵财富。通过采集工程为老科学家树碑立传，不仅对老科学家们的成就和贡献是一份肯定和安慰，也使我们多年的夙愿得偿！

鲁迅说过，"跨过那站着的前人"。过去的辉煌历史是老一辈科学家铸就的，新的历史篇章需要我们来谱写。衷心希望广大科技工作者能够通过"采集工程"的这套老科学家传记丛书和院士丛书等类似著作，深入具体地了解和学习老一辈科学家学术成长历程中的感人事迹和优秀品质；继承和弘扬老一辈科学家求真务实、勇于创新的科学精神，不畏艰险、勇攀高峰的探索精神，团结协作、淡泊名利的团队精神，报效祖国、服务社会的奉献精神，在推动科技发展和创新型国家建设的广阔道路上取得更辉煌的成绩。

总序三

中国工程院院长 周 济

由中国科协联合相关部门共同组织实施的老科学家学术成长资料采集工程，是一项经国务院批准开展的弘扬老一辈科技专家崇高精神、加强科学道德建设的重要工作，也是我国科技界的共同责任。中国工程院作为采集工程领导小组的成员单位，能够直接参与此项工作，深感责任重大、意义非凡。

在新的历史时期，科学技术作为第一生产力，已经日益成为经济社会发展的主要驱动力。科技工作者作为先进生产力的开拓者和先进文化的传播者，在推动科学技术进步和科技事业发展方面发挥着关键的决定的作用。

新中国成立以来，特别是改革开放 30 多年来，我们国家的工程科技取得了伟大的历史性成就，为祖国的现代化事业作出了巨大的历史性贡献。两弹一星、三峡工程、高速铁路、载人航天、杂交水稻、载人深潜、超级计算机……一项项重大工程为社会主义事业的蓬勃发展和祖国富强书写了浓墨重彩的篇章。

这些伟大的重大工程成就，凝聚和倾注了以钱学森、朱光亚、周光召、侯祥麟、袁隆平等为代表的一代又一代科技专家们的心血和智慧。他们克服重重困难，攻克无数技术难关，潜心开展科技研究，致力推动创新发展，为实现我国工程科技水平大幅提升和国家综合实力显著增强作出了杰出贡献。他们热爱祖国，忠于人民，自觉把个人事业融入到国家建设大局之中，为实现国家富强而不断奋斗；他们求真务实，勇于创新，用科技为中华民族的伟大复兴铸就了辉煌；他们治学严谨，鞠躬尽瘁，具有崇高的科学精神和科学道德，是我们后代学习的楷模。科学家们的一生是一本珍贵的教科书，他们坚定的理想信念和淡泊名利的崇高品格是中华民族自强不息精神的宝贵财富，永远值得后人铭记和敬仰。

通过实施采集工程，把反映老科学家学术成长经历的重要文字资料、实物资料和音像资料保存下来，把他们卓越的技术成就和可贵的精神品质记录下来，并编辑出版他们的学术传记，对于进一步宣传他们为我国科技发展和民族进步作出的不朽功勋，引导青年科技工作者学习继承他们的可贵精神和优秀品质，不断攀登世界科技高峰，推动在全社会弘扬科学精神，营造爱科学、讲科学、学科学、用科学的良好氛围，无疑有着十分重要的意义。

中国工程院是我国工程科技界的最高荣誉性、咨询性学术机构，集中了一大批成就卓著、德高望重的老科技专家。以各种形式把他们的学术成长经历留存下来，为后人提供启迪，为社会提供借鉴，为共和国的科技发展留下一份珍贵资料。这是我们的愿望和责任，也是科技界和全社会的共同期待。

周济

李敏华

(1917—2013)

采集小组成员毛天祥（左1）、王柏懿（左2）与李敏华在家中合影

李敏华观看采集到的60年前的历史图片

序

2012年11月2日是李敏华先生的九十五岁华诞，我们怀着崇敬和喜悦的心情向她老人家表示衷心的祝福。

从年轻求学时起，李敏华就怀抱"理工救国"的信念，刻苦读书。当年抗日战争使得学习环境异常艰苦，她从北京的清华大学辗转迁徙到昆明的西南联合大学。在此期间，她结识了吴仲华先生，共同的理想与爱好使他们走到一起，结为伉俪。1956年，他们同时获得中国自然科学国家奖，是唯一一对双双获奖的科学家夫妇。

在留学美国期间，虽然作为女博士生留学美国受到歧视，但是因为有"学成之后为祖国的强盛而奋斗"这个坚定信念的支撑，李敏华先生成为美国麻省理工学院（MIT）工科的第一位女博士，她在完成博士论文时已是两个孩子的母亲。到美国的国家航空咨询委员会（NACA）工作期间，她在基于塑性力学的全量理论解决发动机的强度问题方面做出了独特的、卓有成效的工作。尽管有优越的工作环境和生活条件，尽管美国政府对中国留学生的回国横加阻挠，但"报效祖国"的信念支撑着李敏华和吴仲华两位先生克服重重困难，于1954年毅然回到祖国。他们的拳拳爱国之心，让我们非常感动！

李敏华院士是杰出的力学家，是我国塑性力学的开拓者，是20世纪

"中华女杰"之一。从中国科学院力学研究所的酝酿到正式成立,她都参与了其中的工作,为新中国第一个专设的力学研究机构建设做出了贡献,不仅推动了塑性力学研究工作的开展,还指导了研究生和青年学子的成长。从回国初期到"文化大革命"之前,李敏华先生在研究工作之余,还为北京大学、清华大学等高校教师和中国科学技术大学近代力学系的学生开设塑性力学课,并亲自撰写教材、讲授课程、指导研究生,为培养中国近代力学人才倾注了大量心血。1960—1965年,李敏华在中国科学技术大学近代力学系教授塑性力学专业基础课,我有幸作为她的助教,从而获得她多年的教诲,她知识渊博和待人宽厚的品质给我留下深刻印象。李敏华先生是我的良师益友,是我国妇女界的榜样。

李敏华院士作为从事应用研究的科学家,根据国家的需求开展一系列新的课题。她既重视实验,又重视计算。特别应当强调的是,不论是在"文化大革命"的逆境中,还是在丧子的悲痛之中,李敏华先生都坚韧不拔地为祖国的科技事业奋斗不息。她一边为进行实验研究组织调研和确定方案而操劳,一边不顾高龄骑自行车到很远的北京计算中心去上机计算。她以实际行动实现她的报国壮志,这种崇高的精神是李敏华院士传给我们的宝贵精神财富。

李敏华先生作为中国科学技术大学近代力学系固体力学教研组组长和专业教研室主任,不仅精心编写了第一部适合于高等教育的《塑性力学》教科书,为高年级学生设置了《高温固体力学》等专题课,而且重视学生的基本能力训练(包括求解问题和从事试验),组织力学所研究人员参与教学活动,细致安排毕业生实习和论文指导工作。在她亲授的科大学生中先后产生了三名院士和一名将军,李敏华先生以实际行动为中国高等学校固体力学专业的课程设置、教学理念、教材编写等方面建立了一种全新的教学模式。

撰稿人毛天祥研究员和王柏懿研究员从收集资料到撰写成文,为这部传记的完成付出了大量心血和精力。在这里对他们表示最崇高的敬意。这部传记在全面梳理李敏华院士的成长环境、家庭背景、求学经历、师承关系以及研究、教学等方面的实物与访谈资料的基础上,力求对李敏华院士的学术成长历程进行研究探讨，分析科学家成长的内在动因和外部环境，以期激励李敏华院士事业的继承人与后来者为建设创新型国家、实现中华民族伟大复兴而不懈奋斗。让我们用这部传记，奉献给李敏华院士的九十五岁华诞，以表达对先生的崇敬和感激以及最诚挚的祝贺。

伍小平

2012年11月2日

伍小平，女，1938年2月出生，天津人。1960年毕业于北京大学数学力学系力学专业，主要从事实验力学领域研究。1997年当选为中国科学院院士。现任中国科学技术大学教授、博士生导师。

目 录

老科学家学术成长资料采集工程简介

总序一 ························· 韩启德

总序二 ························· 白春礼

总序三 ························· 周 济

序 ··························· 伍小平

导 言 ·························· 1

| 第一章 | 少年启蒙 ····················· 5

　　开明母亲的情操熏陶 ················· 5
　　振华女学的精神引导 ················· 7
　　务本女中的全面训育 ················ 10
　　务本学潮的现实洗礼 ················ 15

| 第二章 | 青年求学 ································· 19

　　清华园里的火热生活 ································· 19
　　纷飞战火中随校内迁 ································· 24
　　在西南联大转学航空 ································· 26

| 第三章 | 留学麻省理工学院 ································· 32

　　边任教　边准备留学 ································· 32
　　美国麻省理工学院 ································· 36
　　刻苦攻读　严格训练 ································· 38
　　意志坚定　攻博成功 ································· 41
　　师承应用力学学派 ································· 44

| 第四章 | 供职美国国家航空咨询委员会 ································· 48

　　应聘 NACA 路易斯飞行推进实验室 ································· 48
　　挑战燃气轮机涡轮盘强度分析问题 ································· 51
　　构思独特　方法巧妙　攻克难关 ································· 55
　　再接再厉解决实际工程问题 ································· 60

| 第五章 | 策划回国 ································· 63

　　从 NACA 辞职 ································· 63
　　转入大学工作 ································· 65
　　在布鲁克林理工学院从事研究工作 ································· 68
　　精心策划　绕道欧洲回国 ································· 71

| 第六章 | 力学研究所 ································· 76

　　开创塑性力学新领域 ································· 77
　　精心培养年轻学子 ································· 84

介入"上天"任务 ·· 90
　　　主持十二室工作 ·· 92
　　　经历调整和动荡 ·· 97

第七章 | 中国科大 ·· 104
　　　创建高温固体力学的教学体系 ································ 105
　　　独特的专业教材和教学方式 ···································· 112
　　　倾心指导培养年轻助教成长 ···································· 117

第八章 | 科学春天 ·· 119
　　　喜招研究生　培养跨世纪力学人才 ······························ 120
　　　勇挑重担　从事重大课题研究 ·································· 128
　　　历经曲折　建设一流的疲劳试验室 ······························ 134

第九章 | 鞠躬尽瘁 ·· 140
　　　伴随吴仲华　继续向前行 ······································ 140
　　　老骥虽伏枥　不忘科研事 ······································ 145
　　　桃李满天下　百业竞奉献 ······································ 149
　　　春蚕丝尽 ·· 150

结　语 ·· 154

附录一　李敏华年表 ·· 155

附录二　李敏华主要论著目录 ···································· 177

参考文献 ·· 180

后　记 ·· 181

图片目录

图 1-1　李敏华在上海市立务本女子中学校的学籍表 ·············11
图 1-2　上海市立务本女子中学校学历表（高中）的品行、学业页 ········12
图 2-1　国立清华大学学生姓名录 ·······················20
图 2-2　国立西南联合大学学生履历片 ····················27
图 3-1　美国麻省理工学院（MIT）博士学位证书 ···············36
图 3-2　李敏华获得博士学位后在麻省理工学院校园留影 ············37
图 3-3　李敏华在麻省理工学院攻读时居住的研究生宿舍 ············38
图 4-1　美国报刊关于第三届塑性力学年会的报导和照片 ············58
图 5-1　李敏华在纽约布鲁克林理工学院工作时居住的公寓 ···········66
图 5-2　回国途中参观德国奔驰公司时李敏华全家留影 ·············66
图 6-1　力学所创建初期塑性力学组合影 ···················80
图 6-2　力学所创建初期李敏华在办公室工作情景 ···············86
图 6-3　李敏华率团出访罗马尼亚 ······················102
图 7-1　李敏华与中国科技大学近代力学系部分学生合影 ···········106
图 7-2　伍小平院士到家中探望李敏华先生 ··················111
图 8-1　李敏华和研究生、助手在新到的试验机前留影 ············121
图 8-2　李敏华和助手们研究讨论试件的试验结果 ··············122
图 8-3　李敏华主持国际学术会议 ·····················124
图 9-1　李敏华陪同吴仲华住院养病 ····················141
图 9-2　李敏华陪同吴仲华访问比利时冯·卡门航空研究所 ··········144
图 9-3　李敏华参加南京金陵中学吴仲华塑像落成仪式 ············148
图 9-4　李敏华和儿子吴明一起在工程热物理所吴仲华塑像前留影 ······149

导 言

李敏华院士（1917—2013）是我国著名的固体力学家，中国科学院力学研究所研究员。1940年毕业于西南联大航空工程学系并留校任教，先后担任助教和教员；1943年与吴仲华一起赴美留学，并于1945年和1948年先后获得美国麻省理工学院（MIT）硕士学位和博士学位。1949—1952年在美国国家航空咨询委员会（NACA）下属的路易斯飞行推进实验室担任研究科学家；1952—1954年先后在美国布鲁克林理工学院的航空工程与应用力学系和机械工程系担任研究教授、研究指导等职。1954年回国，并先后在中国科学院数学研究所力学研究室、中国科学院力学研究所任研究员、中国科学技术大学近代力学系任兼职教授。

李敏华院士毕生从事塑性力学和应力分析研究，是中国塑性力学的开拓者和引路人，也是中国高等学校塑性力学教学体系的创建者。在塑性理论方面，她采用形变理论得到了硬化材料轴对称平面问题的精确或近乎精确的解，为解决航空发动机强度问题做出了独特的、卓有成效的工作。她长期致力于航空航天结构高温强度问题的研究工作，在国内首次实现了驻点温度超过1000℃的高温实验并研制成功了瞬时加热加载材料试验机；她针对航空发动机涡轮轴的疲劳失效、破坏问题，采用任意非正交曲线坐标有限差分法计算得到了凹槽根部的应力集中，对排除故障做出了贡献。她积极推动宏观和微观结合、力学和材料科学结合的疲劳机制的研究，并结合航空工程的需求开展低周疲劳的实验与计算工作，提出用全量应力—应变关系和分段幂函数近似疲劳循环曲线的模型，还研究了超载对铝合金试件疲劳寿命的影响。相关的研究成果曾获1956年国家自然科学奖三等奖及1978年中国科学院重大成果奖。1980年，李敏华当选中国科学院技术科学部学部委员（院士）。

2010年12月，"李敏华院士学术成长资料采集工程"启动。采集工程任务下达后，李敏华采集小组工作顺利而有序地推进：2011年4月底，开始访谈等音像资料采集工作，先后采访李敏华院士及相关人员总计45人；2011年7月，开启李敏华院士办公室存放的保险柜，采集到一批纸质资料；2011年9月，采集有关生活环境、求学历程、研究工作的各类资料；2011年10月，编写大事年表，前后六易其稿，终稿约1.5万字；2012年2月，搭建研究报告大纲；2012年3月，统计、分类、整理采集到的实物类、电子类资料；2012年4月，在完成大事年表的基础上，开始撰写传记文本；2012年8月，进行重要文档的数字化扫描工作；2012年10月，向馆藏基地移交采集资料；2013年2月，向中国科协提交篇幅为17万字的研究报告全文。历时两年多，采集工作终于全面完成。

在采集过程中，李敏华小组获得的重要成果有：①通过开启与整理李敏华办公室的保险柜，采集到一批李敏华院士细心保存了近70年的珍贵资料，如李敏华的硕士学位证书、博士学位证书，吴仲华的博士学位证书，李敏华和吴仲华在美国麻省理工学院（MIT）读研期间的学习笔记、课外作业、考试试卷，李敏华的硕士、博士论文手稿及博士论文送审稿，在美国国家航空咨询委员会（NACA）和纽约布鲁克林理工学院（PIB）工作的总结文件、发表论文、来往信件以及工作人员通讯录，被吸收为西格玛Xi学会（The Society of Sigma Xi）的预备会员和正式会员证书以及李敏华回国时向中国科学院提交的国外主要工作成绩总结（手稿）等。这些均为十分重要的史料，李敏华院士从未向他人披露过。②利用毛天祥研究员赴美探亲的机会，通过李敏华院士在美国哈佛大学任教的研究生等渠道，采集到李敏华院士在美国MIT学习时的成绩单、参加硕士毕业典礼及博士毕业典礼的仪式记录、硕士论文、博士论文等；实地采集到李敏华在美国MIT读研时曾居住的研究生宿舍及在纽约PIB工作时曾居住的公寓楼房的照片；从网上检索到李敏华博士导师邓·哈托的生平并上溯到邓·哈托的先师铁木辛科、普朗特等情况，检索到MIT、NACA与西格玛Xi学会等机构单位的演化史。这些情况对于分析研究李敏华院士的学术成长过程十分重要，尤其是她在学术上承袭现代应用力学哥廷根学派学风之缘由。③通过对李敏华院士在幼年及少年时期生活过的苏州、上海等地的实地考察采访，了解到孕育其成长的生态、人文等历史环境。例如，苏州"网师园"与李家的关联，振华女校校史以及家庭、学校对幼小李敏华的影响，上海公共租界在20世纪20—30年代的状况，上海务本女中的校史等。而且，在实地考察采访过程中，还有不少重要发现。例如，在振华女中（现江苏省苏州第十中学）校园的"闻道廊"里见到了刻有李敏华院士头像与简介的石匾额，在上海徐汇区档案馆找到了李敏华初中、高中时期的学历表（包括基本情况和学业成绩），在上海市档案馆找到了南京国民政府有关1934年"务本学潮"的文档。④通过对40余名和李敏华院士同过学、共过事以及有过接触的人员进行采访，挖掘、掌握了李敏华的成长过程与学术贡献。受访者中有七名两院院士和一位将军，他们提供了许多史实及细节，这些言传口述对李敏华思想和形象构成了立体化的表达。

通过对已有的传记性资料的全面检索表明，此前已出版的关于李敏华院士的传记性、回忆录性资料不仅数量少而且篇幅短。到目前为止，只检索到《华夏妇女名人词典》（周行健主编，华夏出版社，1988年）、《中国女院士》（何仁甫、郭梅尼执行主编，辽宁人民出版社，1995年）和《中国科学技术专家传略·工程技术编·力学卷2》（钱令希主编，福建教育出版社，1997年）三部。2007年，为庆贺李敏华院士90华诞，力学研究所组织出版了一部纪念文集《固体力学进展及应用文集——庆贺李敏华院士90华诞》（李和娣主编，科学出版社，2007年）。在采集过程中，采集小组还意外获得了香港溢达集团寄赠的《教育之桥——从清华到麻省理工》。但上述传记性文字均没有关于李敏华院士学术成长历程的分析与阐述。

《碧空丹心：李敏华传》以李敏华学术成长经历为主线，依据采集小组采集到的实物资料、图像资料和口述历史资料，记叙李敏华的家庭背景、求学历程、师承关系、人才培养、学术成就等，试图通过对采集资料的认真分析研究，对李敏华院士的学术成长过程进行系统研究和全面阐述，以求真实反映李敏华的世界观、人生观以及学术思想、观点和理念的产生、形成、发展过程。本传记按照李敏华院士学术成长的关键节点和重要事件来划分章节，全书共分为少年启蒙、青年求学、留学 MIT、供职 NACA、策划回国、力学研究所、中国科大、科学春天、鞠躬尽瘁九个篇章，全景展示了她以一颗赤诚之心为力学与航空事业拼搏的学术人生。期待后学们能够从李敏华院士的学术成长经历中汲取所需的精神财富，为复兴中华民族、成就中国科学的伟大事业做出应有的贡献。

第一章 少年启蒙

1917年11月2日，农历丁巳年的一个冬日，李敏华出生在江苏省吴县（今苏州市）。由于年代久远，而且资料匮乏，李敏华家庭在吴县的具体地址尚未能确定，但与她在生活中有较多接触的中国科学院力学研究所的同事回忆道：她曾不止一次地说过"小时候在网师园住过"，并提到"李鸿裔是家族的先人"[①]。李敏华的父亲李寿萱是商业机构的一名职员，母亲朱惠石则居家操持家务、抚养孩子，家中还有一个年长两岁的姐姐李瑞华。李敏华成长在一个温馨、开明的家庭。

开明母亲的情操熏陶

吴县是中国著名的古都，明清时期便成为"衣被天下"的全国经济文化中心之一，更是我国资本主义萌发的地区之一。从明朝中叶开始，在江浙一带苏州、杭州的丝织业中，就已出现了不少带有资本主义性质的手工

---

① 薛以年访谈，2011年6月22日，北京。资料存于采集工程数据库。

作坊。到了清朝，丝织业有了"机户"，他们开设"机房"并雇用"机工"劳动，形成了所谓的"机户出资，机工出力"这种资本主义性质的生产关系。鸦片战争以后，受到外国资本主义和中国"洋务运动"的影响，民族资本主义工业从19世纪60年代开始产生。与此同时，以曾国藩、李鸿章、左宗棠、张之洞等为代表的洋务派提出了一系列主张，例如派遣留学生、购买洋枪洋炮、按照"洋法"操练军队、学习外洋科学、使用机器、开矿办厂等。1898年，反映民族资产阶级上层愿望并主张变法维新的康有为、梁启超更为具体地提出下述主张：设议会、立宪法；办铁路、开矿山、奖励农工商；创建新式学堂、设立译书局、翻译外国书籍；精练陆军、扩建海军。这些变法维新的主张，其实质就是在中国发展资本主义。尽管戊戌新法仅推行了短短的103天便遭受了失败，但这一系列的变革为李敏华得以生长在一个开明的家庭提供了深刻的社会背景。

以母亲朱惠石（原名朱蕙若，又名朱慧若、朱诵芬）为例，她出生于1892年。在她六岁时，中国发生了轰轰烈烈的"戊戌变法"。一批留日归国学生在维新思想的影响下，开始积极筹划在国内建立女子学堂的事宜。1904年，杭州教育会发起建立女校的号召，而邵章、陈叔、郑在常等人则禀请浙江巡抚聂缉椝，要求立案开办女校。5月2日，杭州女学堂在积善坊巷正式成立，这是杭州历史上第一所由中国人自己创办的女子学校。1907年，杭州女学堂增设保姆传习所和蒙养院，并更名为杭州女子师范学堂。朱惠石虽然生长在封建家庭，但她却具有强烈的反封建意识。通过本人的几次争抗，加上其兄长的坚决支持，她终于得到了父亲的同意，获得了进学校念书的机会，最后毕业于杭州女子师范中学。朱惠石的自强自立、勇敢抗争、勤奋好学的精神给幼小的李敏华留下了深刻的印象，她永远记得母亲讲述自己当年女扮男装去上学的故事，数十年后她还向孩子们娓娓道出这个使之感动终身的故事[①]。甚至到了2007年，李敏华以90岁高龄做客"腾讯科技"，与网友互动、漫谈人生经历时，依然念念不忘母亲的支持，她毫不犹豫地用"母亲"两个字回

---

① 吴明访谈，2012年1月21日，北京。资料存于采集工程数据库。

答了主持人的问题"在您小时候,家里面谁最支持、鼓励您上学呢?"[①]因为在小学、中学的学习期间以至于报考大学时,李敏华的一切学业事项都是由母亲负责操办。尤其是中学毕业后,父亲鉴于家庭的经济条件,不主张女孩子继续升学。只是在母亲的努力筹划下,李敏华才得以完成了高等教育。

思想开明的母亲不仅使李敏华获得了全程先进教育的机会,也对李敏华人生观、世界观的形成起到重要而长远的影响。李敏华在其1955年写就的《自传》中这样描述她母亲的影响:"……我的母亲对我的思想很有影响……她要求读书及反封建的挣扎情形给我一个很深刻的印象。同时她从我们很小的时候起就要我们对工作人员态度好,不让我们随意使唤助理员,晚饭后要我们不给助理员任何工作。因为她说:她们早上起得早,晚上该好好休息。虽然这些都是小事,但逐渐地、日常地对我们的思想上的影响很大……"所以,李敏华是这样评价母亲的:"母亲给我最深的印象是她的好学和反封建精神,她对平等的看法,她的处事的公正,她对于国事的关心以及她的责任感。特别在她们那个时代的女子有她这样看法的是不太多的。"母亲的言传身教无不在李敏华的心中留下了印记。李敏华一直记得母亲"常常帮助别人,在经济上帮助过一个邻居的儿子完成学业,虽然我们自己的经济也不宽裕"等待人处世的作为,所以,她自己也在年迈之际资助过家中保姆的儿子读完了大学,还帮助儿子吴明的同学的孩子完成中学学业[②]。这种勤奋好学的精神、民主平等的思想、处事公正的原则、关心国事和乐于助人的情怀,一直伴随着李敏华走过了数十载的人生路。

振华女学的精神引导

由于母亲思想开明,李敏华姐妹俩自幼便开始读书。1923年9月,六

---

① 《李敏华院士漫谈人生》。腾讯科技(2007年6月4日)。
② 吴明访谈,2012年1月21日,北京。资料存于采集工程数据库。

岁的李敏华进入苏州振华女中的小学部。尽管在振华只读了一个学期，"振华精神"对幼小的李敏华的世界观形成和学术成长却有着潜移默化的作用。所谓振华精神，就如苏州十中现任校长柳袁照所总结的那样："爱国精神，尚德精神，自强精神，兼容精神和敬业精神"[①]。这是最具永久价值的文化留存，融入从振华办学开始到以后的苏州女中、江苏师院附中以至目前的苏州十中每一个师生的血脉之中。李敏华一直认同振华对她的深刻影响，所以在83年之后，当振华策划百年校庆活动（1906—2006年）时，她给学校发去了一封亲笔信："我也是振华的！"2012年7月，当采集小组去苏州十中进行实地采访时，办公室主任杜勇回忆道："我们当时查遍振华毕业学生的名录，没有找到李敏华院士的名字。后来才知道她只读了一年级就去上海了。"今天，刻有李敏华画像和简介的石匾额挂在振华校园的廊亭"闻道廊"里，这表明振华同样是认同李敏华院士并期望她的事迹与风采激励振华的后学们不断地展翅拼搏。

另外一件事也表明了李敏华对振华女学的认同。2012年，采集小组查到一份李敏华亲笔填写的履历表，发现其中有"振华女中附小"的条目，但其中的"华"字辨认不清，于是去李敏华家中求证。在将近90年后，她脱口说出："是振华"。而那个时候，当采集小组在对李敏华进行直接访谈时，曾试图询问过有关她经历的许多问题，她只能简单地回答说"是"或"不是"，而大部分都说"记不清了"，甚至"闭目养神"不置可否。只有像问她"您有几个儿子"这样的问题时，她才会"脱口而出"地说出来："两个"。由此可见"振华"在李敏华心中的分量，尽管她在那里只读了一个学期，但它是李敏华成长历程中一个重要的节点。

振华对李敏华的影响在何处？显然，这不是指提供了多少具体知识或物质帮助，它是一种印入脑海的精神食粮，它引导着李敏华一直奋勇向前、不断地攀登学术高峰。在李敏华入学时，振华女中在苏州已是一所相当有名的私立女子学校。它由王谢长达创建于1906年，起初是一所女子二等小学堂，取名"振华女学校两等小学"，意在"振兴中华"，是中国

---

① 柳袁照：我在最中国的学校。苏州十中内部资料。

除了教会学校外最老的学校之一。现在看来,"振华"似乎是十分平常的两个字,经常出现在中国的人名、校名或者机构名之中。然而在一百多年前,在国家受到列强侵略即将沦亡的风雨如晦的年代里,几个弱女子凭借个人之力营造一所女子学堂,而且母业女继,绵亘数十年,把自己的青春、精力和家业全部投入,这需要何等的远见、胆略和奉献精神!以振华为校名,意味着以振兴中国为职志,意味着把办教育和救国联系在一起,换句话说,就是要走"教育救国"的道路。这应当是晚清一批力图救亡图存的仁人志士的理念,体现了20世纪初叶中国妇女的伟大觉醒。作为生长于新旧时代交替的李敏华,其少年时代沐浴在女性觉醒、女学兴起的社会大背景之中,这为她提供了得天独厚的、赖以成长的土壤,从而形成了其现代意义上的女权思想和人格精神。

2007年,李敏华在接受"腾讯科技"记者采访时,当采访人提问"在您一生当中,您感到有什么遗憾的事情吗?"她说:"就是我老觉得好像男女不平等。"她甚至提到在20世纪40年代的美国也有重男轻女的现象:"当时在美国,也不提倡女子读书……我得到了博士学位的时候,当地的报纸也登了,我证明了女的可以跟男的一样,他们说'中国的李敏华,两个孩子的母亲,得到了博士学位'……不要觉得男的跟女的不一样,(他们)是一样的,女孩子同样可以为国家做出贡献。"[1] 李敏华这种"妇女要平等,女子要独立"的信条,一方面来自家庭和母亲的熏陶,一方面来自振华女学精神的引导。

李敏华很幸运,在她不满六周岁的小小年纪,母亲就主动把她送到振华女中,使她得以在起跑线上获得了和男孩子一样的受教育权利,而且受到了以女权运动先驱王谢长达为首的时代弄潮儿的精神和品性的感染。1923年秋,李敏华进入振华女中的小学部读书时,振华女中已经从王氏余屋(在1915年迁入的)搬至严衙前望星桥16号的顾氏房屋(该房宅为1921年典得的)[2]。这个时期,振华在苏州织造署遗址的新校舍尚未落成(1928年中学部迁入该址),所以振华的校舍仍是由民宅改造

---

[1] 《李敏华院士漫谈人生》。腾讯科技(2007年6月4日)。

[2] 柳袁照:振华之路。苏州十中内部资料。

而成，条件相当简陋：学生们下了课，只有一角小小的空地可供他们奔跑或闲坐；在冬季，学校没有保温设备，学生们穿得像泥菩萨般坐在课桌旁，有太阳时晒太阳，没有太阳时捧着手炉取暖；在冷冽的冬天里，王季玉先生的手生了冻疮，肿得像一只新鲜的佛手，却依然要在黑板上抄字给学生们读，尽管这些字写得特别大而且没有往日整齐[1]。这是对在困难中苦苦支撑的振华女中的真实描述，然而一批又一批佼佼者从振华女中脱颖而出：女科学家王淑贞、王明贞、沈骊英、沈骊英、何怡贞、何泽慧、何泽英，女作家杨绛等。当然，李敏华也是值得振华女中引以为傲的佼佼者之一。

务本女中的全面训育

1924年春，父亲李寿萱在上海的一个商业机构谋得职位，全家随之由吴县搬至上海。因为家庭住址数次迁移，李敏华先后在上海函德小学、圣玛利亚小学和卿云小学等学校就读，直到1929年夏顺利地完成了小学学业。在小学读书期间，母亲朱惠石依然承担着孩子们家庭教师的责任：每当学校放假，母亲便和两个女儿一起坐在家中吃饭的方桌旁，看着她们写字、读书，还不时地教授她们一点国文，不仅激发了女儿们的学习兴趣，还提高了女儿们的文字水平。母亲还经常指点女儿们要注意文章的观点和与国事有关的地方，这使李敏华从小就养成洞察政治、关心国家大事的习惯。

1929年9月，李敏华就读上海市立务本女子中学校[2]，在这间著名

---

[1] 费孝通：念振华母校。见：柳袁照，《百年流淌》。苏州十中内部资料。

[2] 上海市立务本女子中学校的前身是务本女塾，由创办人吴馨于1902年（光绪二十八年）在上海南市黄家阙路建立，是最早的由国人创办的女子学校之一。1913年，务本女塾捐归县有，改为上海县立第一女子高等小学校。1916年，它又改为上海县立务本女子中学。1923年，务本女中改用新学制，分中学部为高、初二级，并设立完全小学。1928年，它改归上海市并更名为上海市立务本女子中小学。1929年，小学部改为附属小学，遂成为务本女子中学校。1930年，务本女中实现了高初中完全双级，而且高中又分有普通与师范二科。

的女子中学里接受全面训育。类似于振华女中的理念，务本女中也提倡女子要独立、要奋斗的精神。在李敏华就学时期，务本的校歌为："江之流兮海之陬，女校勃兴兮，务本为首。俯敛内美，仰法前修；既滋兰之九蕙，又树畹之百亩。时代潮流怒吼，民族生存争求，勉矣哉吾女学之同俦。勤朴勇诚，和平奋斗，长怀吾学校，长耀吾神州。"其中的"勤朴勇诚"四个字便是务本女中的校训。务本女中校歌及校训所宣示的那种自强自立、卓然高超的情操和爱国家、爱民族的思想，进一步强化了振华女中给李敏华所灌输的信念，并造就了李敏华一生的行为规范。

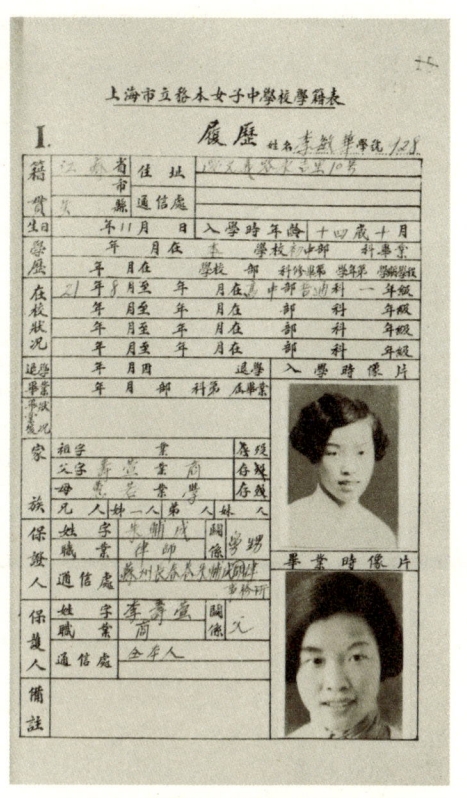

图 1-1 李敏华在上海市立务本女子中学校的学籍表

作为一所著名的女子中学校，务本女中有着相当不错的校园环境：主教学楼、办公楼、大礼堂和体育馆被绿树花丛环绕；教学楼中设有普通教室、特别教室以及工艺作坊；图书馆的书库和阅览室全部对学生开放；专门的运动场设有专用跑道、球场和各种体育器械；学生宿舍里有寝室、餐室、疗养室，处处清洁整齐。到了20世纪20—30年代，务本女中不仅已经建立起一整套行政管理体系，同时也建立了较为完善先进的教育体系。例如，对于教育方法，务本强调"初中采用自学辅导制，高中强调研究、讨论、实验"。对于教育设备，注重购置"中西参考书籍（有1万余册）""理化仪器及药品""生物仪器及标本"；设有阅览室"以引起学生课外读书兴趣"；设有特别教室"以供学生实习之用"。对于课程安排，实行学分制。对于学业成绩考查，规定有日常考

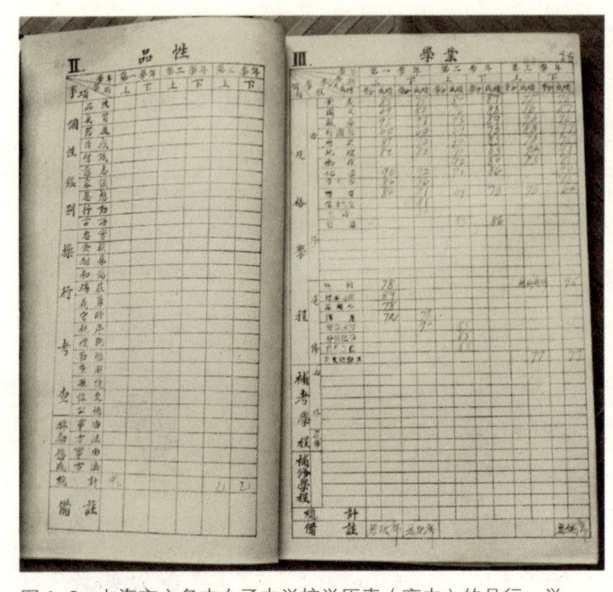

查、临时试验、学期考试和毕业考试（另外还要参加上海市的毕业会考）四种；各科成绩用百分评定后分为甲、乙、丙、丁、戊五个等级（其中，甲等的评分为80—100分，分配比例仅为5%）；对于各类考查的方式和时次均有具体的说明。对于学生的作息时间，亦有细致的安排：

图1-2 上海市立务本女子中学校学历表（高中）的品行、学业页

6:00 起身　　　　　　　　18:00 晚膳
7:00 早膳　　　　　　　　19:00—20:50 夜课（第1—2节）
7:30 早操　　　　　　　　21:00 入舍
8:00—11:50 上课（第1—4节）　21:15 就寝
12:00 午膳　　　　　　　　21:30 熄灯
13:00—16:50 上课（第5—8节）

对于学生的品行，务本女中有明确要求。从采集到的成绩册可以看到，品行考核包括个性鉴别、操行考查两个方面，前者又分有品性、气质、器度、感情、智识、意志、容仪、思想、行动、言语等细目，而后者则有尊重、诚实、友爱、勤勉、谦恭、快乐、俭朴、进取、卫生、爱美（在高中阶段则改为忠实、俭朴、耐劳、和蔼、端庄、义勇、守时、秩序、礼貌、勤勉、整洁、敏捷、慎交、公德）等细目。所以，在务本女中的全面严格管理下，少年李敏华在德育、智育和体育等多方面得到

了均衡的发展。

由于务本女中离家比较远，李敏华只得寄宿学校。但由于年纪小、不习惯住宿生活，李敏华在1931年2月转入离家较近的上海培成女中，半年后因为不喜欢该校风气而又转回务本女中继续其学业。对于这段经历，李敏华是这样回顾的：

> 中学，我进了上海市立务本女子中学，因为离家远的缘故，我住宿在学校里。在开始的一年半中，我感到我喜欢这学校，我也很喜欢那里的同学们。只是因为我年龄还小，住宿很不习惯，很想念我的妈妈。所以在进务本一年半后，我考了离家很近的一个私立女中（可能是培成女中，记得不太清楚了），还跳了一级。但进去以后我很不快乐。因为该校虽非教会学校，但很洋化，半天教中文课本，另半天教英文课本，科目完全一样，各科程度极浅，并且不注意运动。教英文课本的都是外国老太太。最使我不快乐的是学生们都用外国名字，喜欢讲英文，对外国老师特别亲善，而一切中学应有的活动都没有。我在那里挨过了一学期，立即再投考务本。

由这段叙述可以看出，尽管还是一个初中的女学生，但她是一个善于观察与思索的少年。李敏华对于学习环境、学校体制和学科范围已经有了直觉的判断和选择。

1931年9月，李敏华又考回上海务本女中，继续读书直到高中毕业。对于转回务本女中学习的快乐心情，李敏华有着深深的记忆，她在1955年书写的《自传》中写道：

> 回到务本，我觉得很快乐，同学们、先生们都有很好的关系，不像在那私立女中里，一点没有团体的感觉。同时，经历了一个学期在私立女中的尝试，我体味到学校对学生的快乐心境和学习情绪的影响之大。相比之下，住宿或走读就不成问题。

由于快乐而且安心地学习，李敏华的学习成绩相当突出，大部分科目的成绩都在甲等。特别是从中学时代起，李敏华就显示了在数理学科方面的优势。根据务本女中的第367号学历表所载[①]，初三时李敏华学习的必修课程成绩（括号内为相应科目的上、下学期的成绩）为：

党义2学分（78、77分）

国文6学分（80、78分）

数学5学分（83、97分）

外国语6学分（88、88分）

历史2学分（78、89分）

地理2学分（76、84分）

物理2学分（81、85分）

化学2学分（86、86分）

植物与动物（70分，仅下学期读）

体育1.5学分（78、85分）

音乐0.5学分（83分，仅上学期读）

家事0.5学分（81分，仅上学期读）

而根据务本女中的第928号学历表所载[②]，高三时李敏华学习的必修课程成绩（括号内为相应科目的上、下学期的成绩）为：

党义（75、75分）

国文（86、87分）

数学（93、95分）

外国语（83、77分）

历史（73、75分）

地理（92、91分）

---

① 上海特别市立务本女子中学校学历表（初中）。
② 上海市立务本女子中学校学历表（高中）。

物理（83、81分）

化学（90分，仅下学期读）

生物学（85分，仅下学期读）

体育（73、64分）

应当说，李敏华的学习成绩是优异的。这种成绩的取得和李敏华的天资聪颖、领悟性强是密切相关的。此外，李敏华从少年时代起，对于学校、学习便持有和一般女学生"听话、读书"全然不同的态度，她钟爱具有民主风气、民族风格、纯朴校风且注重学生全面发展的学校，她认为校风影响着学生的快乐心境和学习情绪，她用自身经历表明教学成败关键在于能否调动学生的主动积极性。特别令李敏华钦佩的是当时务本女中的师长，她曾经在《自传》中回忆道：

> 那时务本的校长是王孝英，我们和她私人接触的机会不多，但是同学很喜欢她。那时的教务长是曹一华先生，学物理的，刚毕业不久，为人诚恳直爽，很爱护及关心同学，鼓励同学学习。其他有几位老师也很好。教务长和几位老师都住在校内，和同学们接触的机会较多。那时校内的空气相当自由，壁报及其他课外活动很发展，同时学课与体育亦极注意。此外，务本女中另一受到外界好评的是（校风）朴素。

这一切使李敏华从少年时代就养成了开放、上进、淳朴的品格以及热爱自由、全面发展的价值取向。

务本学潮的现实洗礼

1929年9月，李敏华进入务本女中时，正好是王孝英就任校长的第一个年头。校长王孝英是北京师范大学毕业的，她给学校带来了"五四"运动的民主与革命的精神。李敏华记得：务本女中的一位音乐教师和王孝英同是北京师范大学的毕业生，她和同学们讲起她在北平念书时发生的五四运动的情形，这使李敏华在思想上受到了一次洗礼，也促使她决心毕业后去北平读大学。的确，务本女中的时任校长和老师都具有很强烈的爱国主义精神。他们不仅给同学们灌输"国家兴亡，匹夫有责"的思想，而且在"九一八""一·二八"事件带动下，发动并组织同学们参加一系列学生运动。

1931年，"九一八"事件发生时，李敏华正在初中三年级学习，对当时学校里的情景记得很清楚：

> 这消息传来是在晚上自修课的时候，那时同学们年纪都比较小，大家禁不住就在各自的教室里哭起来了。同学们非常愤恨：政府居然毫不抵抗地撤出了整个东北！

这时，教务长曹一华先生走进了李敏华所在的教室，他用很响、很严肃而气愤的口吻对同学们说："你们哭什么！哭又有什么用！你们应当用行动表示。"之后，他又继续向同学们讲了一些形势，并且告诉学生："我们应当采取行动，应当向政府抗议，应当要求政府抗日。"第二天，学校在礼堂外的操场召开了全体（包括中、小学部）师生大会。校长王孝英给大家做了很长的演讲，她号召大家说道："我们应当向政府要求抗日，同时要排除日货及洋货，要训练自己来参加武装中国的活动……"不久，李敏华和同学们就积极参加了上海的学生运动，包括罢课、游行、示威和分组宣传抗日及排除日货等工作。同时，学校里也开始了军事训练，举办了抗日运动展览会，将学生制服改用国产土布。在这一段非常时期里，李敏华和许多同学一样，常常开会、出去宣传。日本的侵略行径促使她开始把自己与国家和民族的命运紧紧地连在一起，这种爱国情怀的增长和积淀构成了她终生取之不尽的精神财富。也正是基于这样的思想基础，她才能够在战火纷飞的艰难困苦条件下以一个瘦弱女子之身，在西南联大坚持学习继而留校任教讲授航空学。

不久，"一·二八"事件发生。已经升入高中的李敏华对于这个发生在身边的重大事件有着铭心的切肤感受：日本挑起事端的无理，上海政府应付挑衅的无奈，十九路军的悲壮抵抗……特别是中国驻军在上海民众的全力支持下，坚守江湾长达一个多月，在李敏华的心中激起一股股热浪。她和务本女中的同学们看到坚守江湾的壮举，十分激动与兴奋，她们出发募款和宣传抗日，她们参加捐助和缝制军衣，尽自己的绵薄之力支援十九路军抗击日军。然而，当时国民党政府执行不抵抗政策，十九路军最终只得被迫全面后撤，淞沪抗战只得以调解停战告终。对于这种结局，李敏华在《自传》中写道："但不久，一切又变成失望。"可以看出，此时的李敏华虽然只是一名中学生，但已经形成了和国家、民族大局同呼吸、共命运的气质。

1933年，李敏华进入高中二年级，务本女中校长王孝英卸任，改由闫振玉继任。学生们不喜欢新校长闫振玉，对此李敏华有着自己的独立见解：

> 同学们不喜欢她的原因很多：第一，闫振玉的丈夫常常在学校里帮她管事，而他又不在学校里担任任何职务，这证明了她的不独立，证明了她并不是以她自己的能力来担任她的工作。第二，闫振玉很拥护那时蒋介石效法德国的政策，并竭力以"女子回到厨房去"的口号向学生们做宣传，同学们因此常常和她争辩。第三，闫振玉的弟弟年纪很轻，没有足够的职业经验，却被委以重任，担任务本女中的事务主任。第四，闫振玉本人是学物理的，不仅讲不清楚她担任的物理课，就连"总理纪念周"上的演讲也做不好，根本没有实质的内容，不受学生们的欢迎。

作为高二学生的李敏华能够做出这样的分析，说明她具备了独立思考的能力并且其想法颇有见地。从她的分析也可以看出少年李敏华的主张：做事要有独立性，要凭借个人能力独立担当工作；坚持女子走向社会的妇女解放路线；鄙视任人唯亲、中饱私囊的利己行为。这对于一个年仅16岁的女孩是难能可贵的，它表明李敏华思想开始走向了成熟。

1933年11月8日，闫振玉聘任了一个为同学们所不满的党义教员姜文宝担任教务主任，李敏华和同学们反对这个聘任并向校长提出了意见，然而闫振玉不但不接受同学们要求，反而使用手中的权力勒令李敏华和方秀芝休学（因为其时李敏华和方秀芝都是学生自治会的干事），进而导致同学们向校长的抗议，继而发生了警察殴打学生的情况。一些学生还在殴斗过程中受了伤，事态扩大后便引发了学生们的罢课，同学们要求恢复李敏华等人的学籍。罢课一周后，同学们得到了胜利。在同学们复课时，李敏华和方秀芝也回到学校中。就是说，休学仅仅两周，学校便被迫同意二人复学，但李敏华在高三时的"品行"却被评为"乙"[①]。这个发生在一所中学内部的小小事件使李敏华在"风口浪尖"上得到了一次实际锻炼，既展示了她勇于坚持真理、敢于挑战权威的气质，也使她亲身体验到群众力量的巨大。

当然，李敏华本人并不知晓这个"小小事件"是当时惊动了上海市教育局、上海市公安局、上海地方法院、国民党区党部以及国家教育部的重大学生风潮（被上述官方单位称之为"务本风潮"）。上海市市长吴铁城亦曾为务本学潮之事连续签发三次指令，最后还要求将关于务本女中复课、补课的训令"刊发各报新闻"[②]。应当说，这次学潮的影响是很大的。时隔将近80年之久，上海市档案馆仍然保存着有关这次务本女中学潮的数百页档案资料。

1935年7月，李敏华从务本女中高中部普通科毕业。在务本女中的数年学习经历，不仅奠定了她坚实的学识基础，灌输了她革命的思想理念，也促成她学习理工的事业理想。李敏华之所以选择学习理工，缘于在高中学习阶段，学校曾组织同学们参观上海的一些工厂，如制钙厂、酒精厂、味精厂、纺织厂等；加之那时人民排除日货、外货的情绪很高，所以，李敏华在中学毕业时希望学习工业化学，将来直接参加生产国货的工作。这样，李敏华离开母亲和姐姐，只身奔赴遥远的北平，以获求理工科的高等教育。

[①] 上海市立务本女子中学校学历表（高中）。

[②] 务本风潮，存于上海市档案馆。

第二章 青年求学

李敏华的求学历程是和抗日战争"并行"的：1935年进入清华大学不久就暴发"一二·九"运动，对于国民党政府不抵抗而拱手让出东北进而又要放弃华北，她很是"愤慨"；1937年"七七事变"后，她随学校迁到长沙并在长沙临时大学读了一个学期；1938年，她又随学校从长沙搬去昆明，就读于西南联大。李敏华的青年求学就是在这种"国难当头"的时代背景下度过，这些经历无疑对她的人生道路和价值取向产生了深刻影响。

清华园里的火热生活

1935年9月，17岁的李敏华考入清华大学化学系，学号为2869，属于清华十一级，住在静斋210舍（后来又搬至220舍）[①]。那时的清华已是我国的最高学府之一，全国的青年学子竞相投考。1935年的报名者有

[①] 清华大学民国二十四年度在学学生统计。存于清华大学档案馆。

3403人，8月12日分别在北平、上海、汉口、广州四地举行考试，8月21日发榜，最终录取345人（含备取生27名）。然而，据统计，当年真正到清华大学报到者仅为248名，约有100名录取者并未入学，这反映了当时华北局势的紧张程度，学校当局甚至已开始做迁往长沙的准备工作。可是，李敏华胸怀"理工救国"的信念，勇敢地负笈北上，只身来到远离家人的北平，开始了大学的新生活。直到1937年暑假，"七七事变"爆发后，她才离开清华园回上海探望家人。

因为有庚款资助和选派留学生的背景，清华大学从正式成立到抗日战争前夕，在罗家伦校长、翁文灏代校长和梅贻琦校长的持续努力下，进入了一个辉煌的发展阶段，呈现出"研究成果累累，精英人才辈出"的景象。李敏华正是在清华发展史上最辉煌的时段进入清华大学学习的。的确，对于广大青年学子来说，清华大学有着巨大的吸引力，这缘于它有三大优势：首先是大师云集，1935年清华大学已经具有教授99人、讲师35人、教员21人、助教65人，合计220人的强大教师阵容；其次是设备充实（包括仪器、图书和馆舍），李敏华入学时学校已有新建的图书馆、生物馆、化学馆、气象台、体育馆以及新学生宿舍、新食堂等；最后是学术研究和俭朴好学已经蔚然成风，成为师生共同的"灵魂"。

当时，清华大学的各院系都采取学分选课制，所选的课程包括必修和选修两种，一般文、理、法三个学院规定四年内必须修满132学分，但工学院则规定学生要修满140学分。清华一年级新生所学的

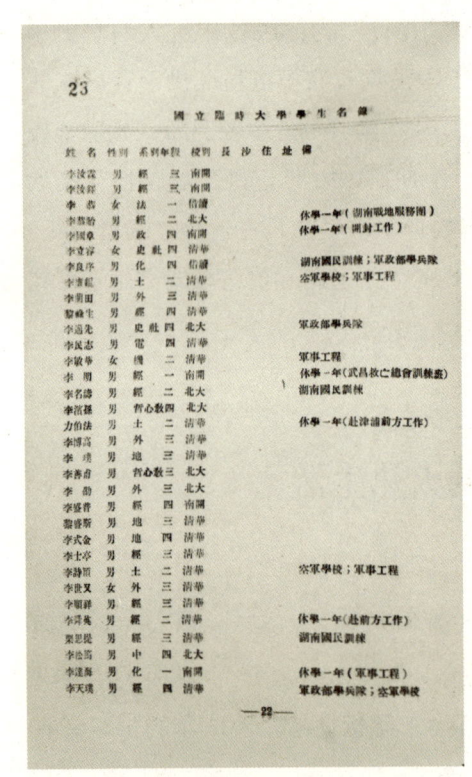

图2-1　国立清华大学学生姓名录（民国二十四年至二十五年度）

课程分为三类：一是全校必修课，包括大一国文、大一英文和体育；二是全院必修课，清华规定文、法两个学院的学生必须在物理、化学、生物和地质四门自然科学中选修一门，理学院的学生必须在中国通史、政治学、经济学和社会学四门人文社会科学中选修一门，工学院的学生则必须统一选修经济学概论；三是各系必修课，文、理、法三个学院各系都有各自的必修课（如李敏华考入的化学系在一年级必修普通化学和定性分析，在二年级必修普通物理学、有机化学、定量分析等），而工学院则是规定不论在哪个系学习均需必修微积分、普通物理学、工程制图、工厂实习等。可以说，清华大学的大一学生基本上是不分院系的，只是学习一些固定的基础学科。而且，任课教师都是知名人士，如朱自清（大一国文）、吴宓（大一英文）、吴有训（物理）、张子高（化学）、华罗庚（微积分）、雷海宗（历史）等。这种做法对于初入大学之门的学生来说，具有重要的启迪作用，这也是清华学子涌现诸多知名学者的原因之一。

当年清华大学全校共有 15 个系，每个系只有一个班，而且规定学生在升入二年级时要经过较严格的资格审核，不达要求的学生必需重读或转系，所以实际上学生在升入二年级后才算入了系。按照当时清华大学的学制，化学系的学生第一年都在理学院学习。在清华十一级的新生中，理学院共有男生 117 名、女生 9 名[①]。在清华大学这所有着先进教育理念的高等学府，特别是在清华园的前两年，李敏华接受了广泛的通才教育，打下了坚实的学业基础，再加上她后来转到机械工程学系重读二年级，使得李敏华在大学期间奠定了其日后在学术前沿不断拼搏奋进所需的深厚而扎实的功底。

李敏华在清华大学的前两年是读化学系的。新入学的化学系学生在一年级必修的普通化学和定性分析两门基础课必需取得高分，方可准许在二年级正式入系，升入二年级后的必修课则包括普通物理学、有机化学、定量分析等。1935—1937 年，在化学系任职的教授有张子高、黄子卿、高崇熙、张大煜等。而机械工程学系二年级的课程则有静动力学、机件学、微

---

① 清华大学民国二十四年度在学学生统计。存于清华大学档案馆。

分方程、材料力学、热机学等，其时在机械工程学系任职的教授有庄前鼎、刘仙洲、李辑祥、殷文友、殷祖澜、江一彪、秦大钧和陈继善等，此外还有张捷迁任教员，林同骅任专职讲师[①]。由于抗战期间清华大学向后方搬迁，学生的学习档案材料已无从查阅，李敏华的学业情况也只能通过一些口述回忆来判断了。但是清华大学重视基础教育的做法给李敏华和吴仲华都留下了深刻印象。直到50多年后，他们仍然高度评价清华大学所给予的基础教育，认为在清华打下的底子使他们得以在美国麻省理工学院成功攻读研究生课程并双双获得博士学位。

  我在大学一年级学物理，都是系主任亲自教，由最好的老师来教。一开始概念搞清楚了，下面再继续学就好学了……到美国，他们给我最难的难题，有一个叫西蒙的教授是教热力学的。他的一个考试题目在之前没有一个人做对过，到我才做对。这个题目中间全是概念，不是带带公式就能算的，而是特殊情况下如何来分析这个问题，这是我们在清华打下的基础。

李敏华也说道：

  我是学机械的，我本来是搞飞机结构的。后来看到了麻省理工的机械系有好多比较强的教授，像邓·哈托是教振动学的。因为在中国的时候，念过他的书，我就进了机械系跟他做论文。

李敏华在北平的清华园里度过的两年大学生活是丰富多彩的，除了接受大学教师讲授的高等知识外，还通过参加学生课外活动和爱国运动接受了时代的进一步洗礼。那个时期的清华大学团体生活给李敏华留下了深刻的印象：

[①] 教员名册。存于清华大学档案馆。

  在学生会主办的郊游中,我印象最深的是一次在无量殿露营,晚上分队爬山。我们的一队由一个曾在东北参加过游击战的同学领路。他先在前面走一段,再告诉我们应当怎样走。他的动作非常快而且敏捷,这说明了为什么游击部队在黑夜行军和调动的灵敏和迅速。

  她能够如此思索而把露营活动和抗日游击队行动联系起来,表明当时在清华园的学生生活已经深深地卷入到社会大动荡的环境之中,每个人都会自觉或不自觉地在国难当头的时刻展示自己的政治倾向。

  考入清华大学不久,李敏华就和同学们一起参加了"一二·九""一二·一六"等学生运动。除了参加学生的示威游行活动外,在北平的两年间,李敏华还常常和"民先"的女同学们在一起,并参加了民先领导的妇女救国会,和大家一起开展下乡宣传、慰问等工作,同时加入了学生会主办的义务小学教课工作。在这种国难当头、民情激愤的时代背景下,李敏华积极面对,勇敢地投入到历史潮流。对于在清华大学生活的回顾,她认为"在这两年中,虽然在校上课不能安心用功,但在思想上确是重要的"。的确,像那个时代的所有热血青年一样,李敏华在群众性的革命浪潮中受到了洗礼。

  在大学一年级时,李敏华结识了同年考入清华大学机械工程学系的吴仲华,"理工救国"的共同奋斗目标以及对摄影和音乐的共同爱好使他们成为好友。由于李敏华在大学一年级时,普通化学课程学得不好,二年级的定量分析课程又需要很多记忆,对此李敏华感到很不适应。吴仲华便鼓励她离开不喜欢的化学系而转入机械系,并劝告说:机械制造将来亦可为生产工作。于是,李敏华在1937年9月转入了机械工程学系。由于机械系属于工学院,和理学院化学系修习的课程与次序均不相同,例如化学系一年级学习普通化学,而机械系一年级学习普通物理,所以转系之后,她只能在机械系重读二年级。不过,她选择了自己喜欢的专业,这是她主动进行的一种状态调整。在进入新系学习前的那个暑假,李敏华回上海探亲,去看望分别已两年之久的父母和姐姐。

纷飞战火中随校内迁

恰恰在 1937 年这个暑假,"七七事变"爆发了。李敏华虽然身在上海,但一直密切关注着事变的进程。时隔一个月,上海又发生了"八一三"事变。在日军的狂轰滥炸中,位于上海市南市区黄家阙路的、李敏华曾经就读了将近六年的务本女中被炸成一片废墟。这些发生在身边的情景给李敏华以极大的冲击并产生了持久的影响。例如,她印象最深的是:当时的中国空军以极旧式的飞机迎战,空军战士连同飞机一起冲下来,轰击日本的撒云舰而壮烈牺牲。李敏华深切地感受到:这一切清楚地说明了中国人民维护国家主权和领土完整的情怀与要求。正是这一件件不能遗忘的事件,使得李敏华那一代学者即使身处美国政府和蒋介石特务的宣传之中,仍能认清新中国是合乎人民要求的。也正是这一件件不能遗忘的事件,使得日后李敏华和吴仲华冲破美国政府的重重阻挠回到祖国。时势造就英雄,中国军民英勇抗战的事迹鼓励了李敏华一生,她之所以在抗战期间坚持学习并成为航空系第一个女毕业生、在怀孕过程中坚持跨洋过海出国深造、在有两个孩子的情况下坚持攻读博士学位并成为麻省理工学院第一个工科女博士,都是和她这段经历有关的。1988 年,吴仲华和李敏华在接受采访时还特别指明[①],他们当年出国与现在的年轻人不一样,因为两代人所处的时代背景差别很大。他们出国前,中国一直遭受外国侵略,发生"七七""八一三"事件时,他们当时就在北京、上海,亲眼见到日军打进来。这些亲身经历使得他们的爱国主义比现在的年轻人要强一点。所以,不难理解,经历了战乱历史的李敏华始终以中国人民的要求为己任,这就是一种情结。这种爱国忧民的情结支撑着李敏华不断地迎接挑战、勇敢地在学科前沿上搏击翱翔。

卢沟桥事变以后,京津失陷,李敏华无法从上海返回北平的清华园。

---

① 杜开昔采访吴仲华、李敏华录音,1988 年 11 月 23 日,北京。

而此时，针对日军全面发动侵华战争的情况，华北及沿海许多大城市的高等学校纷纷内迁，以便保存中华民族教育精华免遭战乱的毁灭。其中，国立北京大学、国立清华大学和私立南开大学最先迁至湖南长沙，在岳麓山下组成国立长沙临时大学，并定于10月25日正式开学、11月1日开始上课。长沙临时大学的校址最终确定租用位于长沙韭菜园的湖南圣经学院，而工学院的机、电两系则安排在湖南大学的岳麓书院。1937年10月，全国各地1600多名来自三校的师生经过长途跋涉陆续到达长沙。按照清华南迁的安排，李敏华由上海直接奔赴长沙，就读于国立长沙临时大学机械工程学系二年级，学号为T2869（T表示为清华学生）[1]。2001年，李敏华接受中央人民广播电台记者的采访时，对这段经历依然记忆犹新：

> 我们就随学校迁到长沙。家里还在担心，"你们去长沙了，万一经济断了，怎么办？"我当时就表示，"如果长沙都要沦陷的话，那就不是'念书不念书'的问题了，而是'亡国不亡国'的问题了"[2]。

对于这段经历，李敏华在《自传》里也回忆道：

> 当年暑假，学校决定在长沙开课，那时上海周边已沦陷。在我赴湘途中，战事消息逐渐转坏。上课后不久，南京沦陷，那时同学们的情绪都非常低落，纷纷加入军队，参加保卫祖国的工作。

的确，1937年年底，抗日局势不断恶化。12月31日，周恩来在国立武汉大学发表《现阶段青年运动的性质和任务》演讲，号召青年从军或以其他方式抗日，长沙临时大学掀起第一次从军高潮。那时机械系三、四年级的大部分同学除极少数外，几乎是全体参加了机械化部队。李敏华的好友吴仲华（其时在机械系三年级学习）也响应长沙临时大学国防工作介绍委员会的号召，申请报考了国民政府为筹建机械化部队在湖南开办的陆军

---

[1] 国立长沙临时大学学生名录。存于清华大学档案馆。
[2] 中央人民广播电台采访李敏华院士录音整理稿。

交通辎重学校(直到1939年才返回西南联大学习)[①]。虽然李敏华也积极要求参加部队,但因班次低(李敏华那时尚在机械系二年级学习)而被拒绝,因此只得随校西迁昆明。

在西南联大转学航空

1938年初,长沙局势危急,国民党政府教育部通知长沙临时大学准备西迁云南昆明。2月,李敏华随学校开始西迁,当时全校师生分海、陆两线入滇。她参加由女生、教师和部分体弱男生组成的团队,乘火车经粤汉铁路从长沙到广州,分批自广州沿广九铁路至九龙,乘船到香港、安南(今日越南)的海防再到云南的蒙自,然后由蒙自出发顺着滇越铁路坐火车到达昆明。师生一路颠簸,全程历时两个多月,此即所谓的"海线"。"陆路"则是循着公路经湘西、贵州至昆明,由师生组成的"湘黔滇旅行团"步行68天、途经3000里完成。1938年4月,国民政府教育部正式宣布"国立长沙临时大学"改为"国立西南联合大学",并设立文、理、法商、工、师范五个学院26个系及两个专修科、一个选修班。西南联大先租得昆华农业学校、昆华师范学校以及南城拓东路的迤西会馆等处为校舍,总办公处设在城内崇仁街46号。拓东路是一条路面较宽的大街,路北有三座并列的会馆,经过改建便构成了西南联大工学院的校舍,其规模是相当齐全的。迤西会馆在中间,进入大门后,对面有一座大殿,已改建成大教室,周围皆是二层楼房。二层楼房也进行了必要的改造:楼下分割成小房间作为办公室,由南向北排列有院长、土木系、机械系和电机系办公室;楼上则改建成小教室及制图室。通过前院的一个小门就进入另一个相似的、但房间较少的大院落,其中一个大殿也改造为大教室,西侧是教务处,南侧是医务室。迤西会馆东侧是四川会馆(亦称为"会蜀会馆"),

---

[①] 吴仲华传。中国科学院工程热物理所内部资料。

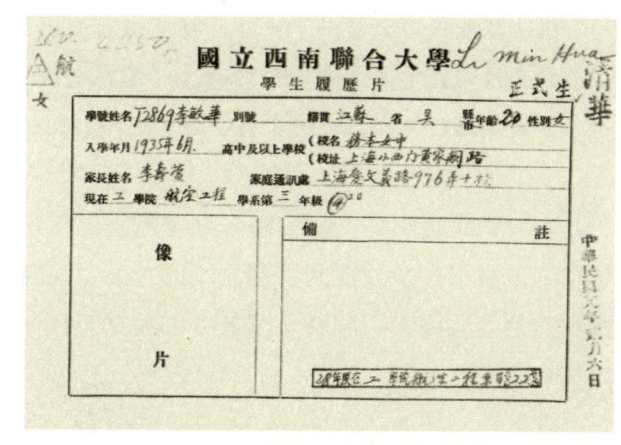

其结构与迤西会馆的前院类似，中间的大殿改造为大食堂，四周的二层楼房改造为学生宿舍。那时同学们都使用双层床，每人用四五个汽油箱摆成自己的书桌。出迤西会馆后门向西就是江西会馆，那里设置

图 2-2　国立西南联合大学学生履历片

的是设备齐全的实习工厂和各系的实验室。总之，工学院的教室、实验工厂和宿舍一直集中在位于拓东路上的迤西会馆区域。由于清华大学在北平沦陷前便有内迁的准备，预先运出了一些主要的机床、仪表等，使得工学院相关实验室和实习工厂得以及时恢复甚至有所扩建。例如，工厂里有一台用皮带带动的木工车床就是从清华园运来的，而实验室还有一台内燃机，则是到昆明后新购置的。当时还有一个电信实验室，其中安置了一台大型电子管收音机，一些爱好西洋古典音乐的年轻教师曾利用它来接收澳大利亚定期发出的音乐节目[①]。因为北京大学没有工科，南开大学只有一个规模较小的化工系，而清华大学工学院的教师和学生人数在抗战前在全校各院系中已经占优，到昆明后又扩建了航空工程学系和航空研究所，所以成为西南联大工学院的主力。对于西南联大工学院的情形，吴仲华回忆道：

> 西南联合大学大部分都在城的西北方向。工学院单独在城的南部，借用了当时会馆的房子。我们住在会馆里面。北京的实验室设备搬去了，我们还有点实验设备。我们是机械工程，也有各种机械加工设备，如发动机、透平机。中国抗战时期的学校中，好的中国大学已

---

① 白家祉访谈，2012 年 3 月 26 日，北京。资料存于采集工程数据库。

第二章　青年求学

经达到美国好大学的水平了。虽然当时我国好的大学数目很少,但是水平很高,不管是在理论方面,还是在实验课程。当然与他们的工程方面相比还差些,我们与自己的工业接触比较少。①

李敏华到昆明后,学校新开办了航空工程学系,学生皆由机械系同学转入。由于在抗战期间看到空军的重要,深感航空工程的需要,因此她和其他九位同学一同转入了新办的航空工程学系。李敏华的所学侧重飞机结构。

应当说,从20世纪初以来,"航空救国"论在中国成为一种流行理念。这是革命先行者孙中山先生首先提出的口号,而且他在不同场合反复强调:"有了飞机,革命将取得成功""飞机将是未来战争决胜之武器""故欲因应现代国防上之需要,非扩充空军力量不为功。"1923年8月10日,第一架由中国人自行设计并在中国本土上制造出来的飞机"乐士文1号"试飞成功,孙中山亲自为飞机命名,并题词"航空救国"作为鼓励,"航空救国"的思想由此席卷全国。这点在"庚款"留美学生的专业选择上亦有所体现:首先,周厚坤于1914年便在麻省理工获得了第一个航空硕士学位;之后,又有王成志、江超西、王士倬、钱学森、钱学榘、程嘉垔、梁守槃、屠守锷等人先后入读麻省理工学院的航空工程系并获得了硕士学位;他们大都成为了中国航空界的重要人才。20世纪30年代,中国政府开始大力发展航空工业。1933年,清华大学在机械系的四年级筹设了航空工程组,由王士倬主持。从1934年夏天开始,清华大学与国民政府资源委员会合作,在机械系开设航空讲座,美国航空专家华敦德(F.L.Wattendorf)于1936年到清华大学机械系担任客座教授。1936年,航空组在王士倬、冯桂连等人的主持下,建造了中国第一座自行设计的5英尺风洞。1936年年底,在工学院院长顾毓琇主导下,清华大学成立了航空研究所,由顾毓琇和庄前鼎分别担任正副所长。1937年,航空组的师生们又在南昌参与建成了中国第一个大型15英尺风洞。1938年,西南联大

---

① 杜开昔采访吴仲华、李敏华录音,1988年11月23日,北京。

成立航空工程学系，由航空研究所所长庄前鼎兼任系主任，同时向远在英国的王德荣发出了担任系主任的聘书。但是，由于王德荣其时已经启程返国，没有收到聘书[①]，便由冯桂连接替庄前鼎于1939—1940年担任系主任，王德荣则于1940年担任航空工程学系第三任系主任。

尽管航空系是一个新成立的小系，但教学和管理都十分严格。以王德荣为例，他在编写《结构学》等教材时，特别注意内容取舍，而他的讲授一直以概念清楚、内容精选、深入浅出而闻名。每次上课前，他都认真备课、精心组织讲授内容。他的授课原则是：不要把什么都讲得一清二楚，但基本概念一定要讲清讲透；同时要给学生留下一些问题，让学生自己去深入思考、去解决其中一些难题。他认为，在有些问题上教师要启发学生去思考，明确解决问题的思路，有些问题则要学生自己独立地去解决。大学教师不能沦为教书匠，而应当是学者，上课就是讲学[②]。他一贯强调，从事力学研究的人首先要求概念清楚，并要有很强的动手能力，要有运用理论解决实际问题的能力。这些理念对于李敏华一生的研究工作有着潜移默化的影响。

就是在这样一批严师的教育、训导下，在全国抗战的艰苦条件下，李敏华坚持走完了大学阶段。根据国立西南联合大学学生名录（民国二十七年二月）以及国立西南联合大学学生履历卡（正式生）可知，李敏华时年20岁，在工学院航空工程学系（性质为军事工程）三年级就读，其英文名字为 Li Min Hua[③]。西南联大航空系第一年在读学生只有两名，他们于1939年毕业；1940年的第二届毕业生则只有李敏华一人。为什么一个娇弱的女孩子愿意选择连男孩子都不太敢学习的专业并坚持学成毕业？从李敏华的《自传》中，可以看到她已经把自己选择的专业领域和国家的需求结合在一起，走的仍然是"理工救国"的路子。李敏华正是亲眼看到空军在战争中的作用，深感航空工程的紧要，才专攻航空工程学的，所以能够做到攻读期间身心专注、乐此不疲，工作以后依然坚持在这个领域中拼搏。

---

① 龚尧南：桃李不言，下自成蹊。《航空学报》，1999年第20卷第2期。
② 同①。
③ 国立西南联合大学学生名录。存于清华大学档案馆。

甚至在花甲之年，当看到疲劳问题是导致航空发动机发生故障的重要原因时，她毫不犹豫地转入这个新领域开展研究。的确，一个科学家要想做出有意义的贡献，一定是要做国家和社会需要的事情，这也是李敏华青年时期所处时代的烙印：在民族危机环境下所激发出来的国防意识与爱国进步学生的专业倾向（多与国防和工业有关）结合在一起，使他们产生了为国效力的意识并得到了国家与民族的认同。正如顾毓琇后来所说"利用工程的知识和方法来帮助国家解决国防和民生问题，便是我们工程师的天职。"

此外，李敏华能够在战火纷飞的环境下坚持学习，和西南联大的校风、校训密切关联。西南联大的校训为"刚毅坚卓"，校风为"民主自由、严谨求实、活泼创新、团结实干"，而校歌是由冯友兰作词、张清常作曲的《满江红》。其中的"引词"为："八年辛苦备尝，喜日月重光，顾同心同德而歌唱！"其中的"校歌词"为："万里长征，辞却了五朝宫阙。暂驻足衡山湘水，又成离别。绝徼移栽桢干质，九州遍洒黎元血。尽笳吹弦诵在山城，情弥切。千秋耻，终当雪；中兴业，须人杰。便一城三户，壮怀难折。多难殷忧新国运，动心忍性希前哲。待驱逐仇寇复神京，还燕碣。"而"勉词"则为："西山苍苍，滇水茫茫。这已不是渤海太行，这已不是衡岳潇湘。同学们，莫忘记失掉的家乡！莫辜负伟大的时代！莫耽误宝贵的辰光！赶紧学习，赶紧准备，抗战，建国，都要我们担当，都要我们担当！同学们，要利用宝贵的时光，要创造伟大的时代，要恢复失掉的家乡！"校歌最后以如下的"凯歌词"结束："千秋耻，终已雪；见仇寇，如烟灭。大一统，无倾折；中兴业，继往烈！维三校，如胶结；同艰难，共欢悦。神京复，还燕碣！"李敏华就是在这种"同仇敌忾"的氛围中，和同学们一起在十分艰苦的条件下刻苦学习，在西南联合大学工学院航空工程学系度过了大学生活的最后两年。1940年7月，她从西南联大（清华大学）毕业。70余年后的今天，清华大学的档案里已经查阅不到李敏华当时是否提交了学士论文，然而，在她封存多年的个人材料里有一件书写规整、保存完整的论文，全部用英文撰写，封面上给出的标题为："Graphic Solution of Bending Moment and Deflection in Airplane Spars"（飞机机翼弯矩和挠度的图解法），时间为July 1940（1940年7月），其中给出了图解法的原理说明和八个应用实例。不难断定,这应当是一篇学士论文。据当时西南联大的同学白家祉回忆:战乱时期的西南联大对学士论文是没有硬性要求的。这篇论文的完成不仅表明了李敏华用实际行动继承了清华大学"研究"与"好学"的优良传统,而且也初步显示了她在固体力学方面的扎实功底和运用能力。

2001年,李敏华在接受中央人民广播电台记者采访时,曾这样阐述她在青年求学阶段的心态[①]:

> 我们想到祖国总会有一天要建设,这就跟西南联大"校歌"里面的一句话一样,"中兴业,须人杰"!所以我们都是很用功的,就是"中兴业,须人杰"这种感觉。既然没有机会去打仗,那就刻苦念书。

这一情结伴随贯穿在李敏华学术成长的整个历程中。

---

① 中央人民广播电台采访李敏华院士录音整理稿。

第三章
留学麻省理工学院

  清华学子大多都有留学深造的愿望,而对于留校任教的年轻教师,清华亦有工作两年以上者便可获得出国留学机会的惯例。特别是随着抗战胜利在望,政府放宽了战时的留学限制,庚款留美与留英的考试也相继恢复。在这种情况下,再加上对蒋介石政权的失望和不满,李敏华和吴仲华决定赴美留学。在美国麻省理工学院,李敏华先后取得了硕士、博士学位,成为该校有史以来的第一位工科女博士。李敏华在麻省理工学院攻读学位的四年对她的学术成长有着十分关键的作用,特别是在博士生导师邓·哈托的培养下,她承袭了"应用力学"哥根廷学派的传统,形成了"坚持研究要结合工程需求"的学风。

边任教　边准备留学

  1940年7月大学毕业后,李敏华留校任教。她在昆明西南联大的航空工程学系先后担任助教(时间约三年)和教员(时间约一年),讲授飞机结构及材料力学。同年,吴仲华从西南联大机械工程学系毕业,留校在机械工程学系任助教和教员,情况与李敏华相同。他们都住在工学院的教工宿舍里,已经确立了男女朋友关系。

根据清华大学员工名册,1940年在航空工程学系任教的有王德荣(教授)、沈元(助教)、李敏华(助教)等;在机械工程学系任助教的有白家祉、林慰梓、郭世康、杨捷、吴仲华等,专任讲师有梁守槃[①]。应当说,李敏华和吴仲华双双留校工作既是学校发展的需要,也是他们学习优良的结果。西南联合大学校行政管理机构相当简约,从领导到职工各尽所能、各司其职,工作效率极高。对于不属于职能部门的临时性重要工作,则由校务委员会讨论研究,请教授会推荐适宜教授人选,组成各种临时工作委员会(推选主席)主持工作。工作任务完成后即行解散,保持主体常设机构精干灵活。被推选参加这些临时工作委员会的人员也是兼职不兼薪,没有任何工作津贴,完全是义务工。在这个宽松、高效但依然艰苦的环境里,李敏华和吴仲华努力工作并继续学习。其间,让李敏华和吴仲华印象深刻的事情就是"跑警报":远在大后方的西南联合大学没能躲开日军的袭扰,日军飞机不时飞来空袭,师生不得不在空袭的警报声中匆忙躲避轰炸。后来李敏华曾给儿子们讲述她和吴仲华当年遭遇的险状:他们经常去一片庄稼地躲空袭,总是藏在当地农民的一个玉米秆堆里。有一次,他们恰巧没有去那里藏身,而日本的炸弹正好落在玉米秆堆上,因此逃过了一劫[②]。

然而,随着形势发展,国民党政府的消极抗战、官员的贪污腐败和不法商人的囤积走私等现象不断滋生,在校师生大失所望。李敏华在《自传》中写道:

> 看到抗战不够积极,蒋介石政府人员的腐败贪污,商人的囤积走私,物价高涨以及其他等不公平的现象……我们又大大的失望。我们很感苦闷,因为学习工程的常在一起讨论,觉得在政治不上轨道的时候,学习工程是错误的,当从事政治工作。但我们平时对社

[①] 清华大学员工名册。存于清华大学档案馆。
[②] 吴明访谈,2012年1月21日,北京。资料存于采集工程数据库。

会科学方面的学习又少,有无从着手之感,结果只能仍然向工程方面继续努力。

吴仲华在1943年接受采访时,也回忆了他在国民党机械化部队所经历的情况[①]:

> 我们在那里训练了几个月,工作了不到一年,感觉到国民党政府非常腐败。这个部队是中国唯一的机械化部队,但不跟日本人打仗,部队里面有各种各样的腐败情况。我就讲两个例子:一个例子是士兵数额是假的,比方说一个部队有500人,实际上没有500人。部队点名时,这边点名他来了,那边点名他又过去了。第二个很坏的现象是,我们到师部看到一个房间,里面有好多木工在刻图章,刻图章是做假发票用。他们专门雇人来刻图章,搞假发票。

这些亲身经历和耳闻目睹的事例,促使李敏华和吴仲华开始认真考虑何去何从的问题。在这种情况下,李敏华认为至少应当充实自己,等将来政治上轨道时,可以尽自己最大的力量工作。所以,当时很多留在学校工作的同学在工余时候都刻苦读书,李敏华和吴仲华也和不少同学一样,一边任教一边准备考公费留学。因为那时英美都是中国的盟国,双边关系是友好的,有公费留英或留美的机会,而且英美在工程上比中国更为先进,所以他们在教课之余便努力学习,准备考公费留学。据白家祉等清华校友介绍,当时的清华大学有这样的传统:毕业留校的教师在工作两年之后可以出国留学,就像美国教授能够享受学术休假一样[②]。

1943年年初,李敏华曾参加过一次留英考试,但没有考取。之后,她一面继续准备考公费留学,一面致信给美国麻省理工学院及密歇根大学有关方面请求允许入学的证明以及奖学金。不久,李敏华收到两所学校的入学证,同时麻省理工学院航空系还来函告知:奖学金需要等本人

---

① 杜开昔采访吴仲华、李敏华录音,1988年11月23日,北京。
② 白家祉访谈,2012年3月26日,北京。资料存于采集工程数据库。

到校后才能申请，但机会是很多的。因奖学金不能事先申请，她不敢办理留学手续，所以仍继续准备考公费留学。此时，对李敏华而言还存在另外一个实际问题：她的身体状况极坏，时常发烧，体重由 90 多磅减至 70 多磅，虚弱不堪。当时，昆明的医药条件十分恶劣，医生起初误诊为疟疾，后来通过 X-光透射才诊断为肺结核。李敏华在小时候肺部曾感染过，但后来已经钙化，此时因战时的营养不良引起了左肺结核病的复发。可是，昆明根本没有治疗肺结核的药品，医生只能嘱咐她睡下休息和注意营养。所以，李敏华遂即停止了考公费出国留学的准备，但是营养方面则很难解决。当时正值抗战期间，物质奇缺，物价飞涨，而且教师收入极微。例如，西南联大教师的月工资只有 60 元，连吃都吃不饱，每个月发了薪水要赶快把这个月的米、油及其他可以买的全买下来，因为到下个礼拜物价又不一样了。可以设想，如果还要看病吃药、增加营养，对于李敏华而言将是何等的困难！李敏华只能将毛衣卖掉，买了小瓶的鱼肝油来滋补身体。吴仲华看到这种情况很着急，他们决定结婚，因为这样他们可以自己煮饭，从而将李敏华的营养略为提高一些。1943 年，李敏华与吴仲华结为伉俪，一面调理导致李敏华肺结核复发的营养不良，一面准备自费赴美留学。那时吴仲华刚刚考过清华第六届庚款留美，他觉得可以拿到公费，正好蒋介石政府对留学生办法进行了调整、放宽了尺度，规定"凡有外国学校入学证者可请求留学护照"，同时留学生的外汇汇率极为优待。鉴于李敏华的身体情况，他们决定请求留学护照自费出国并获批准。

那时李敏华虽然一直在就医，采取打空气针压住左肺等方式治疗，然而不但无效且身体更加虚弱。在此情况下，李敏华决定赴美，她认为一方面能学习美国先进的工程经验，另一方面也有助于医治肺病。于是，李敏华和吴仲华把他们所有的东西都卖掉换成外汇，甚至包括吴仲华的一把小提琴和一部收音机。随即他们在年底离开昆明，经缅甸到印度加尔各答，再搭乘轮船由太平洋经巴拿马运河抵达美国东部。途中用了将近三个月的时间，当他们从纽约上岸时，已是 1944 年 2 月，李敏华当时不仅患着肺结核，而且已经身怀六甲，下船不久，便被送进医院生产。几十年后，当李敏华给儿子吴明说起这段经历时，轻描淡写地说道："那时船上所有的人都呕吐不止，只有我一个人例外。也许是我早就吐光了。"[1] 这就是李敏华特有的"似弱却强，柔中有刚"的气质，当她决意到大洋彼岸深造时，任何困难都阻挡不了她的步伐。

美国麻省理工学院

1944 年 2 月，吴仲华进入美国麻省理工学院（MIT）机械工程系做博士研究生，改学内燃机专业，享受庚款留学生待遇[2]。

由于 2 月抵美后随即生子等原因，李敏华并没有像吴仲华那样在 1944 年春季便立即入学，而是在家中休养到 7 月，然后才正式进入麻省理工选修应用力学专业。对于选择进修机械工程系的应用力学专业，李敏华主要是考虑麻省理工学院航空系在飞机结构方面的研究课程和导师远不如机械系工程力学方面的好，而且工程力学较飞机结构更为基本，将来应用更为广泛。这样，1944 年夏季，李敏华和吴仲华开始了在异国求学的生活，他们居住在位于 MIT 校园里马萨诸塞大街 50 号（50 Massachusetts Avenue）的研究生宿舍楼 1 层。应当说，在麻省理工攻读研究生的经历是李敏华学术生涯又一个重要的节点，这四年的学习与研究生活为她冲击学科的国际

图 3-1 美国麻省理工学院（MIT）博士学位证书

---

[1] 吴明访谈，2012 年 1 月 21 日，北京。资料存于采集工程数据库。
[2] 吴仲华传。中国科学院工程热物理所内部资料。

前沿铺垫了坚实的基础。

对于"为什么选择MIT?"的问题,李敏华的回答很明确[①]:因为MIT机械工程是美国最好的,也是最难考的。而且MIT承认清华的分数。的确,机械工程(简称MechE)一直是麻省理工学院的重要学科组成,从建校开始一直占有举足轻重的地位。MIT一贯重视机械工程学课程,并强调在教学中重视工程经验,还提出在校内建立教学用实验室以及增加到工业部门现场的实习。1916年,麻省理工从波士顿搬到马萨诸塞的坎布里奇市(Cambridge, Massachusetts)。为适应发展"新技术"的需求,机械工程系在这一时期增设了发动机设计、汽车工程、军事机械以及制冷与空调等新专业。1933年,亨塞克(Jerome C. Hunsaker)被任命为机械工程系主任,李敏华和吴仲华正是在他担任系主任期间到MIT攻读研究生的。亨塞克对机械工程系的方向做了较大的调整,增加了航空学课程,将水力学课程并入到流体力学,而且对实验室进行了现代化改造。与此同时,产生了动力学(Dynamics)、传热学(Heat Transfer)、材料力学(Mechanics of Materials)以及热力学(Thermodynamics)等一系列新课程、新教材。据统计,1909—1943年从清华大学到麻省理工留学的总人数为228名,其中在MIT获得博士学位的

图 3-2 李敏华获得博士学位后在麻省理工学院校园留影

[①] 杜开昔采访吴仲华、李敏华录音,1988年11月23日,北京。

图 3-3 李敏华在麻省理工学院攻读时居住的研究生宿舍

只有 33 人,而李敏华和吴仲华便是其中两人!像他们这样夫妻俩双双在 MIT 获得博士学位的情况是独特的,而李敏华更是唯一的女性。

刻苦攻读　严格训练

李敏华于 1944 年 7 月在麻省理工学院机械工程系注册申请攻读科学博士学位。在随后的一年中,她学习了矢量分析、应用光弹、微积分、机械工程、塑性力学、机械振动、理论及应用弹性力学、动力学等一系列课程。

从李敏华保留至今的 MIT 学习笔记来看,当时麻省理工的课程设计和教学安排十分严格。以李敏华选读的矢量分析为例。该课程学习笔记本的首页是课程计划,其中写明:总课时 39 次,内容包括 40 项课题外加一次课堂讨论和三次复习,每堂课要讲解的习题包括教科书中的例题共计 94 题和附加补充的习题共计 80 题；笔记本的第二部分是该课程要求的补充习题，计有 10 页打印稿纸；笔记本的第三部分是规格颜色各异、写满公式图表的 130 页手书稿纸；笔记本最后还附有两份考卷，两次考试分别在 1944 年 6 月 21 日和 10 月 27 日举行，每次考试时间三个小时（9:00—12:00 A.M.），考卷上还有"允许学生使用他们带来的任意书籍、笔记或论文"的"说明"。这表明，MIT 重视培养学生解决问题的能力而非记忆已知的具体知识点。又如，机械工程作为 MIT 研究生课程，以出现在机械工程中的高等问题为教学内容，一方面强调力学基本原理的概念，一方面要求学生完成 35 道大习题。这些习题比起矢量分析的习题难得多，有些题目需要推演七至八页纸，还包括绘制曲线、列表数据等，这门课程不仅结课时有考试，而且学期中间还有两次书面的测验（每次时长为两小时）。再如，李敏华选修的应用光弹课程，主讲教授穆瑞（W.M.Murray）不仅提供了厚厚的讲义，其课程还特别设计了 13 个实验练习作业，每个作业中都给出实验目的、报告内容和参考文献等说明，要求学生独立完成光路布置、测点选定、图像获取、数据处理以及实验结果等全部过程，训练是十分全面的。令人惊奇的是，李敏华保存着两本应用光弹笔记，其中的讲义部分完全相同，实验作业题目也完全相同，两本笔记里都有李敏华手写的 13 个作业内容。通过核对李敏华书写的作业可以发现：二者大体一致，但亦有不少的差别。这表明她对每个实验报告都逐一进行过校验并做出了改进或修正，而且细心地保留了两份报告。这种重复校核、计算实验结果的习惯，应当说是李敏华在学术上不断取得成功的一个"秘诀"。这个习惯一直保持在李敏华的研究过程中，也保持在她对学生、助手的一贯要求中。

1945 年 3 月，学院有关方面同意她改读科学硕士学位，并于 6 月推荐她申请工程力学硕士学位。6 月 25 日，李敏华获得工程力学硕士学位，学位论文的题目为《采用散射光的光弹法确定任意横截面的轴在扭矩作用下的应力（A Photoelastic Method Utilizing Scattered-Light to Determine Stresses in Shaft Having Any Cross-Section）》。她在认真通读有关光散射理论的基础上，将散射光的特性、散射光弹原理与轴扭转问题的特点相结合，提出了一个用散射光弹解决轴的扭转问题的简单新方法，得到了应力分布。

这也是李敏华认真学习应用光弹课程的硕果。1945年7月，李敏华在麻省理工申请攻读科学博士学位。这里应当指出的是：当时美国大部分大学和研究院对硕士毕业不要求论文，只要求读满八门课程即可，但MIT对硕士毕业有论文要求，这相当于两门课程的工作量。要求撰写硕士论文这个特别规定是MIT教育理念"最基本的注意点是研究，即独立地去探索新问题"的体现，是培养学生能力的重要步骤。所以，有的学生急于毕业，便以学校的最低要求行事，即只修六门课程加上一篇论文。但是李敏华不仅呈交了学位论文，而且选修了九门课程。功夫不负有心人，在读硕士期间，李敏华便因其才华出众而被遴选为西格玛Xi学会（The Society of the Sigma Xi）麻省理工分会（MIT Chapter）的副会员（Associate Member）。事实表明，李敏华在其学术成长历程中迈出了一大步，这与麻省理工的严格培养有关，更是她刻苦攻读的硕果。

　　1946年6月，李敏华通过了攻读机械工程专业的资格考试，并完成了光弹研究、微分方程、高等工程热力学等课程的学习。此外，她还听取了一门介绍利用机器进行计算的课程——采用机械方法的数学分析，并且在邓·哈托教授（Den Hartog）的指导下完成了博士论文的撰写。撰写论文是很辛苦的，因为吴仲华在1947年2月取得博士学位后要去位于克利夫兰城（Cleveland）的美国国家航空咨询委员会（National Advisory Committee of Aeronautics，NACA）下属的飞行推进研究实验室（Flight Propulsion Research Laboratory）工作。同年8月，吴仲华正式到任工作，在NACA担任研究科学家，全家随之迁至克利夫兰城。家庭的变迁要花费不少的精力，从2月起李敏华只得申请停学，连续春季班和夏季班两个学期没有注册上课。但是，"休学在家"并不意味着在家休息，她一边随着吴仲华搬到克利夫兰安置新家，一边抓紧一切时间进行攻读博士学位的学习与研究，甚至经常挑灯夜战。在暑期期间，李敏华还利用中学放假的时机，请一位中学生来家里帮助照顾孩子，以使自己可以集中精力进行论文工作，并在很短的时间里取得了骄人的进展：1948年5月1日，李敏华达到了博士学位所需的语言要求（德语）；5月8日，学院有关方面推荐李敏华申报科学博士学位；5月24日，提交了题为《可变系数的非线性弹簧系统的亚谐共振

（Subharmonic Resonance of System Having Non-Linear Spring with Variable Coefficient）》的博士学位论文，同一天还通过了研究领域的最终考试；6月11日，获得博士学位，成为麻省理工学院工科领域的第一位女博士。波士顿报纸《波士顿先驱报（Boston Herald）》在报道该届麻省理工学院毕业典礼时特别提到："中国的李敏华，几个孩子的母亲，证明妇女可以与男子一样，获得博士学位。"

2011年，为了纪念清华大学建校100周年和麻省理工肇基150年，香港益达集团资助出版了一部研究专著《教育之桥——从清华到麻省理工》，书中把李敏华获得博士学位的事情称作"一项纪录"，而且写道：

> 最早从麻省理工获得博士学位的清华留学生是叶玉良和周铭……李敏华则是麻省理工机械工程专业第一位女博士。这些记录，对中国人来说固然有其重要的纪念意义，也与麻省理工良好的学习环境以及指导教授的努力分不开。

意志坚定　攻博成功

李敏华作为一名东方女性、两个幼子的母亲，而且是在健康刚刚恢复、身体仍然较弱的情况下，坚持四年的艰辛攻读，在1945年获得工程力学硕士，在1948年完成进修工程力学博士，最终获得了国际著名的麻省理工学院的博士学位。这个骄人成绩的取得和她赴美学习的原因以及个人意志的坚决密切相关。李敏华自己曾回忆道，在那四年的初期，他们有了两个孩子，因此对她的学习与工作增加了极多的负担，此外对家庭的经济负担也增加不少。更可怕的是，当时很多人认为女子在结婚后不能也不需要读书，所以在这种经济和舆论的双重压迫之下，李敏华要度过这个时期是相当的不容易。首先，在当时的美国，"种族歧视"普遍存在。例如，在1944年初抵达波士顿直到年中住进MIT研究生宿舍之间的这段时间里，他们需要自己租房子来解决住宿问题，这就遇到了困难：有时候他们循着出租房屋的广告找到了地方，房东一看是中国人，就告诉他们房子已经租出去了。对于这种歧视黄种人的情形，他们在四五十年之后，仍然是记忆犹新的。其次，不仅是中国，在当时的美国，甚至是在高等学府，对妇女依然是很歧视的。当李敏华申请进修工程力学博士时，在麻省理工学院机械系负责本科生工作的教授说："我不能看到机械系有女博士。"幸好当时有位负责研究生工作的教授苏特勃（Soderberg）给予了支持，她才得以有了读博士的机会。应当说，李敏华是幸运的，这时邓·哈托刚从军队退役，成为麻省理工机械工程系的教授，还承担了系里研究生办公室的工作，并且被推为博士生导师，这样李敏华便能在应用力学学派大师的直接熏染下成长。当然，李敏华取得成功，除了"理工救国"理念的支撑外，还和她本人特有的聪颖刻苦及其在清华学习、工作期间打下的坚实基础有关。对于前一个原因，除了李敏华本人意志坚决外，伴侣吴仲华始终给予她的鼓励和支持也是一个重要因素。因为他们有着同样的追求和想法，吴仲华也是为了"理工救国"的理念而学习工程的，他在抗日战争时和同学一同离校参军、在MIT和李敏华一起攻读研究生，都是为了同样的原因。所以讲起这对伉俪学习的情景，至今令人唏嘘不已：一个人去听课，另一个在家照顾孩子。在一节课程结束的时候，在家的那位就做好了"立即出发"的一切准备，并站在一楼宿舍的窗前，只要看到听课那位从教室出来的身影，便冲出去以便赶在下一堂课开始前进入教室。对于后一个原因，李敏华认为清华大学在教学方面有一个"注重概念"的重要原则，即先搞清楚概念，再继续学就好学了。还有就是在清华做助教是很有用的，为了教好学生，她要去收集材料力学和理论力学这两门基础课各种新出版的外文书籍和学术期刊来看，要找到各类题目来做，在这过程中进一步强化了对概念的理解。所以，能够在MIT顺利完成研究生学业与她在西南联大（清华）做助教期间把难的题目做得通透了、基础比较扎实有关系。

在读博士期间，李敏华选修了高等工程热力学课程，主讲教授肯能（Keenan）在一次总结考试结果时说："这次考题很难，很多人不及格，第一名考95分，是吴夫人。"当时，老师还开玩笑说："是否是你先生帮了忙？"李敏华马上回答："没有，可以再考一次！"后来，肯能教授的夫人在一次茶会上对李敏华说："开始肯能教授对你不相信，所以出难题考考你。通过这次考试肯能教授才相信了。"就这样，凭借自己的刻苦努力、扎实功底所显示出来的卓越能力，她取得了教授们的认可与青睐，也博得了同学们的信服与钦佩。60余年后，和李敏华一起参加那次考试的白家祉教授在2012年接受采访时，对此仍然记忆犹新："李敏华考得最好！她在MIT书念得好是出了名的，很受肯能教授的器重。"[1] 改革开放以后，陪同吴仲华、李敏华回访MIT的吴文权也回忆道："我们那次见到Keenan教授时，他又提起了此事并说：'一个小小女孩打败了所有的男孩（A little girl beats all the boys）！'"[2] 专著《教育之桥——从清华到麻省理工》中对于中国留学生在麻省理工的表现，亦有客观的评述：

> 中国学生选修的专业，个人兴趣固然是抉择的重要因素，但基本上大多与国家需要有关，以早期入学的学生来看……七成就读四个工程专业。其中以学电机工程者最多，其余依次是化学工程、机械工程与土木工程。（尽管）麻省理工学费昂贵，课程更是出名的艰深。每位从麻省理工毕业的中国学生，几乎都会在回忆中讲到"Tech is Hell！"（理工是地狱！）这句"名言"，可以想象当时求学过程的艰辛。（但是）中国学生极为勤奋，而且能融入学生的社群生活，（中国学生的卓越表现）无疑给麻省理工带来新气象，他们的上进心得到校方认同。

显然，这些评价对李敏华是十分适合的，她是早期（1909—1944年）从清华大学到麻省理工学院留学的228名进修学生、33名在MIT获得博士学位中的佼佼者，李敏华已经作为"记录"留在了中美高等教育的史册中。

---

[1] 白家祉访谈，2012年3月26日，北京。资料存于采集工程数据库。
[2] 吴文权、任孝安访谈，2012年8月7日，北京。存地同上。

这里需要指出的是，以"Mens et Manus"（手脑并用，创新世界）为校训的麻省理工，从创校开始就锐意成为一所理论与实践熔于一炉的创新型理工大学，学生不仅须在校研习科学理论，更要全面培养动手实践的能力，参与科学实验，提出创新见解。因此，许多优秀的中国学生在就学期间，均完成重要的学术论文并发表于专业刊物，他们与教授的合作研究也促进了双方的学术发展。李敏华博士论文的完成以及后来的正式发表便是一个例证。当然，能做到这点并非易事，这与MIT对学生的严格训练分不开，特别是在动手实践和实验能力方面的要求对于从事应用力学研究的科学家而言，更是十分重要的。李敏华对实验课程一直认真对待：在攻读硕士学位期间，她学习应用光弹课程时完成了13个实验练习，在攻读博士学位期间又注册学习了以实验内容为主的光弹研究，还自习了实验应力分析、X-射线金相学等课程中有关的实验内容。不仅做了详细的学习笔记，列出了大量的参考文献，还亲自写信给相关的仪表公司咨询购置光弹偏光仪等事宜。此外，庚款留美学生所获得的公费资助包括八个学期的学费和1.5年的实习费用[①]。所以，除了攻读学位之外，这些留美学生大多经历了高素质的实习生涯，他们把工厂实习和实地考察视作最重要的学习过程，多数学生在归国前均会选择到各重要工厂、公司实习，并对美国及欧洲各国之科学与工业发展进行详尽的考察。李敏华与吴仲华有机会在毕业后直接进入美国顶尖的研究部门工作，也是基于同样的思想，如李敏华在《自传》中所说："能在美学些实际研究经验，对于将来回国参加建设工作有帮助。"

师承应用力学学派

李敏华在导师邓·哈托指导下攻读博士学位，是她学术成长过程中

[①] 洪朝生访谈，2012年2月21日，北京。资料存于采集工程数据库。

的关键点。1945 年，第二次世界大战期间在部队服役的邓·哈托中校退役，成为麻省理工机械工程系的教授。他开始教一门课，并着手写作第三版《机械振动》专著。由于在中国读大学期间，李敏华便读过他写的《机械振动》，所以她选择机械系，并在邓·哈托的指导下攻读博士。在 MIT 做博士，一般情况是：定了导师以后，学生念什么课、考什么试、做什么论文都由导师决定。在李敏华保留至今的资料里专门有一个档案袋，里面存放着她在 1946 年 5 月参加博士资格考试的全部材料，包括导师给出的四道考试题目和李敏华做出的相应解答。在文件夹的硬纸封皮上，有邓·哈托的亲笔字迹："Doctor's Exam for Mrs. Wu; Please return question paper and solutions to Room 3-463; Mrs. Wu, Tuesday, June 1, 1 p.m. Room 5-204"，意即"吴夫人的博士考试；（考完）请将试卷和解答交回到 3-463 房间；（面试）吴夫人，6 月 1 日，星期二，下午 1 点，5-204 房间"。在邓·哈托的四道试题中，有一个题目属于塑性力学范畴，李敏华给出了完美的答案；有三个题目属于应用力学范畴，李敏华的答案分别达到了 90%、70% 和 70% 的水平。其中有一个得 70% 的考题，是邓·哈托专门针对李敏华补充的一道很难的附加题。从这份材料中可以看出邓·哈托对学生的考试是十分认真的，他对于李敏华在试卷中所有答错的部分都亲自做了注解说明，具体指出问题解答的不足之处。可以感觉到，邓·哈托对李敏华是"满意"的。李敏华在选择亚谐振动作为博士论文主题时，导师邓·哈托指着自己所著的《机械振动》只说了一句话："这就是你博士论文的题目。"他还补充道："博士论文的题目不一定能做得出结果。"原来，他在这本书中曾写道："由于这涉及变系数非线性方程，很显然，这样的分析工作是极其困难的。"李敏华查阅了屈指可数的几篇有关机械系统和电子系统亚谐振动的文献，经过反复分析得出了自己的看法：电子系统在振荡过程中，系统的系数是变化的，在一定的条件下便会发生亚谐振动；而机械系统中这些系数是固定不变的，只有在一定的初始条件下才产生亚谐振动。根据这些理解，她得到亚谐振动的解法并给出一个算例。邓·哈托在看了她的方法和计算结果并进行简单的校验之后感到无比高兴，对她说："你解决了！"于是，导师又进一步要求她对初始相位差的整个范围进行一个计算。最终，李敏华完成了题为《Subharmonic Resonance of System Having Non-Linear Spring with Variable Coefficient（可变系数的非线性弹簧系统的亚谐共振）》的学位论文，并获得了好评。参加工作以后，李敏华对该文做了进一步补充和整理，增加了关于四阶亚谐共振的计算，并发表在1952年6月举行的美国第一届全国应用力学大会的文集上。

这里需要指出的是，李敏华的博士生导师邓·哈托对于她日后科研工作的风格有着深远的影响，使她一直在"应用力学"哥根廷学派的路子上不断前进。邓·哈托是著名的振动专家，1901年生于荷兰，1924年大学毕业后来到美国，被招聘到西屋公司（Westinghouse）做电气工程师。此时，西屋公司研究实验室正好在举办内部讲习班，教员中有从俄国移民来的力学大师铁木辛科（Stephen P. Timoshenko），这位勤奋好学的荷兰年轻人给铁木辛科留下了极其深刻的印象。培训课程结束时，邓·哈托被要求留在该研究实验室的力学室工作，作为铁木辛科的助手。在随后的三年时间里，铁木辛科将整个西屋产品所遇到的各种各样的振动问题都交给邓·哈托来负责，如电动机和发电机、汽轮机、水力涡轮机、铁路的电气化等问题。这样，邓·哈托由一位年轻的电气工程师逐渐成长为一名有经验的机械工程师。与此同时，由于既精通力学又精通数学，邓·哈托在解决工程实际问题方面也表现出了非凡的天赋。例如，工程中的各类机械轴在运行中经常发生断裂，铁木辛科认为是扭转疲劳所致，他就让邓·哈托进行计算。邓·哈托的计算结果表明是共振的缘故，于是他大胆提出将轴的直径减小1/16英寸，从而圆满地解决了轴的断裂问题。这使邓·哈托作为振动专家的名声大振。1929年，邓·哈托到应用力学学派大师普朗特（Prandtl）的实验室做博士后，获得了亲身体验欧洲工程界研究大师的机会。

对于机械工程系的研究生来说，邓·哈托是位称职的教师，他讲的课程是他们在麻省理工学院所受教育的最高点。因为他总是用许多实际发生的故事来讲解基本概念，给他们以生动的图像，使他们知道运动或变化是如何产生的以及为何如此。邓·哈托始终是鼓舞人心的典范及和蔼可亲的良师益友，一代又一代的学生被他热情洋溢、妙趣横生、不可思议的物理洞察力所充实。李敏华有幸在这样的名师指点下成长，我们也就不难理解为什么在将近50年后，在为《中国科学技术专家传略·工程技术编·力学卷2》中"李敏华"条目选定参考文献时，李敏华亲自确定的、仅有的两篇文献中就有一篇是邓·哈托的著述《Mechanical Vibrations》了。

第四章
供职美国国家航空咨询委员会

吴仲华与李敏华先后在1947年和1948年取得了博士学位,他们该何去何从?考虑到当时国内情况非常混乱、蒋介石政府腐败到极点,他们决定继续在美国停留一段时间,通过在适当的研究单位做一些短期的研究工作,学一些实际的研究经验。由于吴仲华先期毕业并在美国的国家航空咨询委员会(NACA)谋得职位,李敏华在取得博士学位后也进入NACA工作。1949年1月,李敏华正式应聘到NACA,在路易斯飞行推进实验室(Lewis Flight Propulsion Laboratory)的应力与振动研究部(Stress and Vibration Section)担任航空研究科学家,开始塑性力学的研究工作。

应聘 NACA 路易斯飞行推进实验室

NACA是联邦政府的一个机构,成立于1915年3月3日。当时正值第一次世界大战期间,这是一项备战的应急措施,目的在于促进工业界、学术界和政府部门在与战争相关项目方面的合作。它由第63届国会批准组建,国会所通过的法令指明:该委员会应当以能解决实际问题的观点来监督和引导飞行问题的科学研究，确定应当开展实验研究的课题，讨论飞行问题的求解及其对实际问题的应用。NACA成立时，只有12名不付薪酬的委员，每年经费额度5000美元，到1922年也只有100名雇员。但从20世纪20年代开始，NACA接受了更加宏伟的新使命：通过应用研究，促进超越当前需要的军事和民用航空事业。为了完成这个使命，NACA的研究人员建设了各类室内风洞、发动机实验台架以及飞行实验设备，并利用这些装置开展了大量的应用研究。这些工作为第二次世界大战期间的研究工作、战后的政府实验室建设以及后继者NASA（国家航空航天局）积累了很好的经验和有效的模式。到1958年，NACA使命结束而其机构过渡为NASA时，它已有7500名雇员和价值3亿美元的装备，并设有四个下属机构：朗雷航空实验室（Langley Memorial Aeronautical Laboratory），阿姆斯航空实验室（Ames Aeronautical Laboratory），飞机发动机研究实验室即路易斯研究中心（Aircraft Engine Research Laboratory，Lewis Research Center），穆洛克飞行实验基地（Muroc Flight Test Unit）。路易斯飞行推进实验室是1940年6月被批准、1942年正式建立的。在实验室运行的初期，路易斯飞行推进实验室致力于航空发动机的研制，从20世纪50年代开始也进行液体火箭的燃烧研究。李敏华在此工作期间正是实验室全力攻克航空发动机技术难关的关键时期。

能够在NACA路易斯飞行推进实验室获得一个工作职位，回到在中国西南联大学习时所选定的航空工程学专业，担任航空研究科学家，而且可以和吴仲华在同一个部门里工作，对李敏华而言是很幸运的。那时，国内的情况非常混乱，李敏华和吴仲华认为：除非回国直接参加解放战争，否则此刻回到国内根本无法发挥作用；还不如留在美国再学些实际研究经验，这样对于将来回国参加建设工作会有所帮助。此外，他们还有一点私人顾虑，但也是必须面对的实际问题，这就是他们两人同时入学并且身边带有两个孩子，所以经济上有些负债而且没有回国的路费。正当吴仲华于1947年春在麻省理工学院完成博士学位时，美国NACA从事航空发动机研究的实验室需要有博士学位的人去做研究工作（因为当时刚刚出现燃气轮机，理论方面的工作很不够，还没有设计得很好的发动机）。航空研究所派来麻省理工学院接洽招聘工作的负责人拜铎弗（Dr. Batdof）是一位物理学博士，和吴仲华面谈后他感到十分满意。而且，在他知道李敏华正在 MIT 做博士论文之后，也盼望她能在完成博士学位后去该研究所工作。因为吴仲华是学发动机的，李敏华是学工程结构的，专业十分对口，两个人又都是博士毕业，完全符合 NACA 的录用要求。这样，李敏华和吴仲华就决定到航空研究所做一段时间的短期研究工作，希望通过实际的研究工作进行必要的训练。这个机会对于李敏华和吴仲华而言很不容易，因为他们是外国人。当时的美国国会规定，这个设在克利夫兰的发动机研究所只能录用四个外国人。在李敏华他们进入 NACA 之前，那里已经有一个德国人、一个意大利人，现在一下子又进来两个中国人，名额就用完了。显然，李敏华能够进入 NACA 工作和吴仲华于 1947 年先期应聘到该部门工作有关。其实，吴仲华在美国找工作的经历也是一波三折：吴仲华在 MIT 本来是学机械的，主要是学内燃机。毕业后，他首先想到的是到汽车厂去看看有什么实际的设计工作，但那时没有一家工厂需要这样的人。需要人的单位却是 NACA 设在克利夫兰的这个发动机研究所，当时的研究方向正在从内燃机转型到燃气轮机，所以需要有博士学位的人去搞研究工作。碰巧的是，麻省理工学院机械系的系主任当时还兼任 NACA 在克利夫兰的发动机研究所的董事会主席。而吴仲华在麻省理工学院机械系的学习成绩非常突出，不仅用三年时间就获得了博士学位而且在 MIT 学习的所有科目成绩全部优秀。所有这些都给机械系的系主任留下了深刻的印象。系主任不愿意"人才外流"，就理所当然的"自己给自己"写了一封推荐信，推荐吴仲华到 NACA 去工作。这是 1947 年的事。当时，吴仲华和李敏华的想法一样，他认为对于自己来讲，这是一个很好的学习如何做科学研究的机会。

他们两人对于工作本身以及对于解决实际工程问题的研究工作，都是很感兴趣的。尽管给他们的题目都是十分困难的前沿问题：给吴仲华的题目是燃气轮机的三元内部流动，给李敏华的题目是燃气轮机涡轮盘的塑性变形。但是他们勇敢地接受了挑战，正如李敏华所说：当时我们在那里工作的目的是要得到实际经验，为将来回国后工作做准备。的确，无论是对于李敏华还是吴仲华，在 NACA 工作是非常好的机遇，正如吴仲华在接受杜开昔采访时所说：

> 我觉得在美国工作还是很好的。这是一个很好的机会，作最新的题目，有最好的条件。他们那里的试验设备是最好的，得到最好的实验数据，做理论工作也要依靠那里的实验。

正是在这里，李敏华接触了分析航空发动机强度的问题，开始了塑性力学的探索并取得了令人瞩目的成绩。

挑战燃气轮机涡轮盘强度分析问题

在 20 世纪 40—50 年代，航空发动机强度是一个挑战性问题。作为应用力学学派大师的学生，李敏华在独立进入正式研究工作领域时，便接受了所处时代的挑战性课题"燃气轮机涡轮盘强度分析（塑性变形）"，并基于塑性力学全量理论，为解决发动机强度问题做出了独特的、卓有成效的工作。

众所周知，各类机械在运行工作时会受到外力（亦称为"载荷"）的作用从而发生变形，并在其内部产生一定的应力（亦称为"内力"）。机械（或者其零部件）所产生的变形达到一定程度后，便会影响其正常运行，甚至使其遭受破坏（如断裂等）。"强度"是指零件承受载荷后抵抗发生断裂或超过容许限度的残余变形的能力，它是衡量零件本身承载能力（即抵抗失效能力）的重要指标，是机械零部件首先应满足的基本要求。因而，它也是机械工程师和应用力学家共同关注的问题。机械工业的发展，特别是航空工业的发展，要求机械零件既要承载能力高又要自身重量轻，这样就必须挖掘材料进入塑性的潜力，因此塑性问题的研究变得越来越重要。从学科研究的角度来看，近代工业和航空事业的迅速发展促使塑性应力分析和应变分析迅速拓展与深化。但由于塑性变形的不可逆性、塑性应力应变关系理论发展的复杂性和描述问题的微分方程的非线性等，使问题的求解变得非常困难，而且不能应用叠加的原理。大部分塑性变形问题的解都是近似解，只有少数是比较准确的解，且这些准确解的计算又十分复杂，一般需要采用逐次趋近法或试解法和逐次趋近法的组合来获得。因此，人们对于塑性变形问题中的应力和应变方面的情况和特点了解很少，而对这些情况的了解有助于处理很多需要解决的塑性变形问题，包括有利于求得一些简单而又比较准确的近似解。同时，准确解的本身可以给出问题的准确解答，还可用来决定其他近似解的准确程度。所以，燃气轮机涡轮盘塑性变形与强度分析工作的应用背景和学科意义是十分明确的。

一般而言，工程材料受力后的变形分为弹性变形（外力撤销后可以恢复原来形状，而且应变和应力呈现按比例变化的关系）和塑性变形（外力撤销后不能恢复原来形状，发生永久变形，即伸长或缩短）。按照力学学术术语，塑性是结构材料在某种给定载荷下产生永久变形而不破坏的能力。对于大多数的工程材料，当其应力低于比例极限（弹性极限）时，应力—应变关系是线性的，表现为弹性行为，也就是说，当移走载荷时，其应变也完全消失。而当应力超过弹性极限之后，发生的变形包括弹性变形和塑性变形两部分，其中塑性变形是不可恢复的。因此，塑性变形的分析要困难得多，在这种背景下开始发展的塑性力学也会比传统的弹性力学复杂得多。塑性力学又称塑性理论，是固体力学的一个分支，它主要研究固体受力后处于塑性变形状态时，塑性变形与外力的关系以及物体中的应力场、应变场和它们发生变化的有关规律，及其相应的数值分析方法。与之相对应的固体力学的另一个分支学科是弹性力学，它研究弹性物体在外力和其他外界因素作用下产生的变形和内力。弹性体的特征为：在外力作用下物体变形，当外力不超过某一限度时，除去外力后物体即恢复原状。当然，绝对弹性体是不存在的。如果物体在外力除去后的残余变形很小，人们一般就把它当作弹性体来处理。正是清楚地了解了这些区别，李敏华从一开始便明晰了自己对旋转盘塑性变形问题研究攻关的思路。

应当说，明确研究对象的特点并确定恰当的研究思路是科学研究工作

取得成效的重要前提。2012年7月,力学所白以龙院士回忆起李敏华对他讲过的一个故事:

> 李先生跟我说,她刚开始在美国做科研课题的时候,她的做法就是:先听他们讲现在要做什么问题,然后就自己开始动手做,包括试验工作和理论分析工作;做到一定阶段以后,再去看文献,这时候她发现有些文献中工作的想法跟她是不一样的,但有些是跟她类似的;她就分析她现在的思路哪些是"超越"在别人前面的而且是更合理的,哪些地方还需要再吸收别人的东西,来把自己的东西做得更完善。这样有一个好处,就是极大地锻炼了自己独立解决问题的能力。①

通过听取航空应用部门的介绍,李敏华了解到燃气轮机涡轮盘问题属于平面应力问题范畴,涡轮盘在运行时受到相当大的载荷,所产生的应变到达硬化区的大应变范畴,因此要采用大应变概念。对于自己所从事的课题,李敏华的具体研究思路是:塑性变形问题,由于应力—应变曲线的非线性和塑性大变形所引起的非线性关系,描述问题的方程成为非线性微分方程。在不同载荷下的应力分布或应变分布,一般来讲是不成比例的。如果要想得到某一材料在某一载荷下的解,一般需要根据该材料的应力—应变曲线和该载荷的数值进行计算。如果希望能像大部分的弹性变形问题那样,在不同的载荷下(甚至不同材料的)各种应力分布和各种应变分布都分别成比例,这种可能性是不大的。但是,不同材料不同载荷的解中,有一部分关系成比例或接近于比例,这种可能性还是存在的。如果能够获得这种比例关系,无疑将会使解法大大简化,因为可以从这种比例关系很简单地得到全部解答。这样,李敏华针对旋转盘具有的轴对称特点进行分析并得出了下述看法:由于轴对称的缘故,在加载过程中主应力的方向(即主轴方向)保持不变,主应变的比值在加载过程中改变的可能不大。因

---

① 白以龙访谈,2012年7月24日,北京。资料存于采集工程数据库。

此，她应用形变理论来求解这一类问题，再从所得到的结果来讨论形变理论是否能应用在这一类问题上，也就是讨论所得到的结果是否可靠。这里提到的"形变理论"就是所谓的塑性全量理论。早在1924年，亨基（Hencky）就提出了塑性全量理论，他采用全量应力和全量应变来表示塑性本构关系。由于这个理论便于应用，曾被纳达依（Nadai）等人，特别是伊柳辛（Ильюшин）等苏联学者用来解决大量实际问题。但是，从理论上讲，塑性全量理论不适用于复杂的应力变化历程。为更好地拟合实验结果，罗伊斯于1930年初步建立了塑性增量理论，他采用应变的增量形式来表示塑性本构关系。这样，在理论上更为合理，但应用起来比较麻烦，所以用在求解具体问题方面还有不少困难。在1950年前后，国际力学界曾展开过塑性增量理论和塑性全量理论的辩论。在这种学科理论不甚成熟的现实情况下，李敏华认为：塑性的应力—应变关系比较复杂，主要是因为塑性变形是不可逆的过程，在一般情况下，塑性应变和应变率不只受应力的影响而且受加载过程的影响；不同应力状态下的屈服和继续屈服决定于屈服函数；塑性应变、应变率和应力之间存在着非线性的关系等。因此，在进行具体问题的应力分析和应变分析时，不但由于塑性应力—应变关系的复杂而使问题的解答复杂，而且在选择所应用的理论时还要考虑是否适合。根据对旋转盘问题分析，李敏华得出"在加载过程中主应变的方向保持不变和主应变的数值成比例的增加"的结论，从而推导出简单加载（亦称比例加载）条件下的塑性基本方程、平衡方程和协调方程，又巧妙地通过引入一些参数的办法，使问题进一步简化并避免了应用逐次趋近法的麻烦，可以用数值积分直接得到结果。由于她的解法简单，就增加了计算多种情况的可能性，还可以从计算结果来判断所采用的理论、假设正确与否，有利于看出问题的主要因素，从而可以得到一般性的结果。

正因为研究思路恰当，李敏华在不到三年的时间里，连续给出了旋转盘、圆孔薄圆板、圆形薄膜和非均匀材料旋转盘等问题在硬化区大塑性变形下的研究结果，撰写完成三篇署名 M.H. Lee Wu（吴李敏华）的 NACA 技术报告：（1）《在金属应变硬化区的轴对称的塑性平面应力问题分析（Analysis of plane-plastic-stress problem with axial symmetry in strain-hardening range》》；（2）《圆孔大薄板在应变硬化区的线性化解和一般性的结果（Linearized solution and general plastic behavior of thin plate with circular hole in strain-hardening range）》；（3）《旋转盘在应变硬化区的一般性结果和近似解（General plastic behavior and approximate solutions of rotating disk in strain-hardening range）》。这一系列工作适应了当时工程实际的需求：由于航空发动机发展导致了对于机械设计和结构设计的更高要求，因而必须考虑物体进入塑性范围的应力和应变分布以及相关的其他问题。李敏华的这些研究成果，为工程师们提供了一种切实可行的途径来处理这类困难问题。因此，1951年，李敏华成为美国国家航空咨询委员会路易斯飞行推进实验室的技术部成员和美国机械工程学会的会员。

构思独特　方法巧妙　攻克难关

这里再具体说明一下李敏华是如何取得研究成果的。1949年初，李敏华到NACA路易斯发动机研究中心工作以后，开始进行圆形薄膜在侧压作用下并同时考虑材料硬化的塑性应力与应变的分析工作。当时，在国际上有关塑性力学的研究工作中，考虑材料硬化的解很少见到，而且人们通常都是采用形变理论来迭代求解，这样的求解过程十分繁复耗时。李敏华在运用形变理论时，采用了椭圆方程的角度 α 和无量纲有效应变 γ/γ_0 来表达冯·米泽斯（Von Mises）的屈服条件，使得问题中的未知变量大为减少：由五个未知应力应变分量和未知材料参数降为两个未知变量（α，γ/γ_0）和未知材料参数。但因变量 α 在边界上已知，而变量 γ/γ_0 是随应变分量变化的未知量，所以问题仍需要反复迭代求解。在此情况下，李敏华巧妙地引进了一个任意常数 k 并将半径无量纲化为 r/k，这样在一个边界选定了 γ/γ_0 值，从此边界沿 r/k 进行计算，直到 α 满足另一个边界值。这时的 r/k 值等于 β/k，由此可以定出任意常数 k，从而不需要迭代便可得到精确解。在20世纪50年代初期，计算机尚不发达，大部分数值计算都是采用手摇计算器来求得，可见，这种无需迭代便可用于求解轴对称平面应力问题的方法是非常有意义的。对此，斯托威尔教授（E.T.Stowell）评价道：

> 在求解应变硬化材料塑性应力分布时，几乎不能精确求解。而对于轴对称问题，作者（李敏华）得到的解就属于精确的或近乎精确的解……即使是在非常简单的圆孔薄板的一维情况，要同时满足协调方程、平衡方程、应力应变关系和边界条件，也不是一件容易的事。由于作者非常巧妙地引进了任意常参数，作者相当精确地满足了上述条件……作者提供了一系列精确解的典范，这是她的特殊贡献。

如前所述，当时的学术界对于形变理论是否适用是有不同看法的，尽管其时人们对薄管所做的实验结果已经证明：对于比例加载（即加载过程中主应力方向和比值不变），形变理论是可用的。但是，为了证明形变理论适用于轴对称平面应力问题，李敏华给出了两种不同硬化性能材料在不同载荷下圆孔薄板和旋转盘问题的解。她的计算结果表明：每种材料在不同载荷下的 a-r/b 曲线相当接近；而且对这一组轴对称平面应力问题，主应力的比值 $\sigma r/\sigma \theta$ 和 a 呈线性关系。这说明在加载过程中各点满足比例加载，因而形变理论能用于轴对称平面应力问题。李敏华将此结果在布朗大学（Brown University）举行的塑性力学学术会议上作了报告，所宣读论文的题目是《论应变硬化区中轴对称平面塑性应力问题（On Plane Plastic Stress Problem with Axial Symmetry in the Strain-Hardening Range）》。虽然当时布朗大学有几位著名的塑性力学家对形变理论有不同看法，但他们对于李敏华的工作却是很重视的。

1950年9月8—9日在美国罗德岛的布朗大学召开的第三届塑性年度会议，对参会文章的审查是相当严格的。从李敏华保存的文档中可以看到，为了这次参会，有关管理部门之间有许多信函来往：2月1日，布朗大学副教授德瑞克（D.G.Dracker）给 NACA 在克利夫兰（Cleveland）的应力及振动研究部主任曼森（S. S. Manson）写信，希望他推荐稿件参加第三届塑性力学会议；2月24日，NACA路易斯实验室的研究主管西尔弗斯顿（Silverstain）给NACA总部发函，通报布朗大学2月1日来信等情况；3月16日，布朗大学德瑞克副教授给李敏华及NACA的研究副主任赫尔姆斯（C.H.Helms）写信表示感谢；3月30日，NACA的研究副主任克欧雷（J.W.Crowley）给布朗大学德瑞克副教授回信，表明这些推荐的文章以前未曾发表过；4月1日，NACA路易斯实验室的研究主管西尔弗斯顿再给NACA总部去函，说明李敏华提供摘要的文章将在第三届塑性力学会议上宣读，信后还附有李敏华的文章摘要；4月18日，NACA的研究副主任克欧雷给德瑞克副教授再次回信，推荐包括李敏华文章在内的三篇文章参加第三届塑性力学会议。

正因为作为NACA的科学家参加学术会议的不易，也因为这是第一次在塑性力学会议上亮相，李敏华对于此次参会十分重视。从她保留着的当时的论文宣讲稿就可说明这点，她对已经成文的书面稿做了许多调整，以适应口头宣讲的需要。而当时计算旋转盘问题的图表，更展示了她认真细致的学风：那一页页抄录得工整的数据，那一条条描画得光滑的曲线，浸透着李敏华投入在研究工作的心血。相信李敏华自己在会前也做过多次的试讲，所以才能在学术会议上成功亮相，取得与会者的首肯。9月10日，当地的报纸《普罗维登斯星期日报》（The Providence Sunday）以"科学家接近塑性研究（Scientists Close Plasticity Study）"为标题报道了这次会议，报道的副标题是"布朗大学的研讨会表明：理论和实际实验之间的差距正在减小（Gap Between Theory, Practical Experiment is Narrowing, Brown Symposium Shows）"。在文字报道的同时，该报还配发了一张10英寸的照片，该照片的标题是"国际间的对话（Internationally Speaking）"，并附加具体说明如下：

来自世界各国的科学家昨日在布朗大学召开的第三届塑性力学会议上进行研讨。从左至右：瑞典斯德哥尔摩皇家技术学院副校长厄德韦斯特教授；土耳其伊斯坦布尔大学科学学院院长依瑞姆博士；大不列颠图润特博士；NACA 克利夫兰研究所吴李敏华女士；荷兰德尔弗特技术大学伯格斯博士（International scientists confer at the third symposium on Plasticity yesterday at Brown University. Left to right: Prof. F. K. G. Odqvist, Vice President of Royal Institute of Technology, Stochholm, Sweden; Dr. Kerim Erim, Dean of Sciences at University of Istanbul, Turkey; Dr. C. J. Tranter of Great Britain; Mrs. M. H. Lee Wu, Cleveland, of the National Advisory Committee of the Aeronautics; Dr. J. M. Burgers, of the Technische Hogeschool, Delft, Holland）。

通过上述的参会审查过程和会议报道情况，我们可以从另一个侧面得知，李敏华关于塑性大变形的研究成果在当时国际上获得了方方面面的认可。这种认可激励着李敏华进一步深化研究工作，她把圆形薄膜、圆孔薄圆板和旋转盘作为一组问题来探讨，因为所考虑的三个问题在工程上都具有实用价值，而且这几个问题同属于轴对称平面应力问题，可以用同一方法来处理，并且有共同的特点，因此可以作为一组问题来讨论。根据塑性形变理论，通过严格的推

图 4-1　美国报刊关于第三届塑性力学年会的报导和照片

导和巧妙的方法，李敏华给出了这三个问题的准确解。在求解时，她应用材料实际的应力—应变曲线，并考虑了由于大变形所引起的尺寸改变，也就是在应力和应变计算中采用了瞬时尺寸。由于解法简单，增加了计算多种情况的可能性。她基于自己得到的准确解，对具有不同结构尺寸和不同硬化特性的材料的旋转盘、薄圆板在若干不同载荷下的应力、应变分布进行了计算，用以证明她所采用的理论和假设是恰当的。在确定计算结果准确之后，她又对计算结果进行了细致分析并发现：所得到的曲线很接近，不但上述每种材料的 $a-r/a$ 曲线很接近，而且两种材料的 $a-r/b$ 曲线及 $\gamma/\gamma_0-r/b$ 曲线也比较接近（这里 a 和 b 分别为孔和盘的半径）。这些现象提示着有得到一般性结果的可能。因此，她又对理想塑性材料（即幂硬化指数 $n=0$）以及包括大部分工程材料的幂函数近似范围内的 n 值进行了计算。结果表明，不同 n 值的 $a-r/b$ 曲线簇以及 $\gamma/\gamma_0-r/b$ 曲线簇都分别显示彼此间是相当接近的。进而，她对协调方程和用幂函数近似材料曲线的平衡方程进行了分析，略去其中的低阶小项，得到了一个重要结论：材料曲线对主应力比值分布和比例应变分布的影响都不大，但比例应力分布因受材料 $\tau(\gamma)$ 的影响而各不相同。这表明，应变协调对塑性变形问题起主导作用。由此，她又提出了一个近似的解法：对每一个轴对称平面应力问题只计算一个解，所得到的 $\gamma/\gamma_0-r/b$ 曲线可作为该问题的无量纲有效应变分布的近似解，再用实际材料曲线得到应力分布和外载。寻求线性化近似解的做法，在那个时代是很有意义的，李敏华认为："对方程进行线性化不但可以使解法简单而且准确，而且容易看出问题的主要因素，从而可以得到一般性的结果。"就这样，李敏华利用近似解探讨当时无法解决的材料性能非均匀性引起的问题，提出了径向非均匀材料的旋转盘的解法，这些研究成果不仅得到美国及西方集团国家学术界和工程界的认可，甚至引起了东欧集团国家科学家的关注。如波兰的塑性力学专家沃尔扎克（W. Olszak）对李敏华的方法就非常赞赏，在他 1957 年访问中国科学院力学研究所时，便热情邀请李敏华参加 1958 年在华沙举行的非均匀材料性能塑性力学国际会议。

再接再厉解决实际工程问题

李敏华并不满足于从理论上解决旋转盘等塑性变形问题的求解，她十分注重应用力学的研究必须满足实际工程需求的理念，她认为："实际机械零件的材料力学性质都有某种程度的非均匀性，这种非均匀性是由制造过程，如冷加工和热处理等所引起的。有时材料性质的不均匀性也可能由于外在的因素造成，如温度等。"李敏华当时不仅考虑了不均匀性的工程材料的实际问题，还得到了直接从材料的应力—应变曲线和转盘中最大应变来计算旋转盘转速的近似方程。特别难能可贵的是，这些研究并非是NACA的工作要求，而是她利用工余时间自行完成的。对于一位有两个幼小孩子需要照管的母亲而言，能够出色完成研究所下达的任务已属不易，何况还要亲自开展便于工程师直接应用其研究成果的"自选课题"呢！1951年5月29日，李敏华写信给时任美国机械工程学会（ASME）应用力学部主任的伊利诺斯理工学院力学系唐奈尔教授（Lloyd H. Donnell），向他提交一篇题为《直接从非均匀材料性质的旋转盘的拉伸应力—应变曲线来确定塑性应力和旋转速度（Determination of Plastic Stresses and Rotating Speed Directly from Tensile Stress-Strain Curve of Material for Rotating Disk of Nonuniform Metal Properties）》的论文摘要，希望参加当年11月25—30日举行的机械工程学会年会并争取随后在《应用力学杂志》发表。她在信中写道："按照NACA的规定（我正在NACA工作），NACA雇员可以用个人名义向学术协会投送用于宣讲或发表的论文，只要该论文的内容尚未作为NACA的出版物发表过。"而路易斯实验室在向NACA总部呈报的文件中也明确指出："该论文材料的主要部分不直接涉及作者在NACA所开展的研究工作，之前亦没有发表或宣讲过。该论文的准备是作者利用她自己的时间完成的，没有涉及实验室任何成员提供的服务，完全是作者个人对学会的贡献。"尽管由于论文审查等过程使李敏华错过了参加年会的机会，但她以此文参加了ASME在1952年举办的夏季研讨会。如该论文的标题所示，李敏华在这项工作中强调实际中机械零件的材料特性必定是非均匀的（特别是在应变硬化区内），因而必须考虑具有非均匀性质零件的塑性变形问题，并给出了一个确定塑性应力、应变和转速的简单方法，其中只要重复地运用一个小表格便可得到塑性应力、应变的分布，还把计算得到的转速用图表形式给出。1952 年 6 月 19 日，李敏华出席了在美国宾夕法尼亚州召开的应用力学会议，并在会上宣读了论文《具有径向不均匀金属材料性质的旋转盘的平面应力与应变的一个简单解法（A Simple Method of Determining Plastic Stresses and Strains in Rotating Disks with Nonuniform Metal Properties）》。12 月，该论文正式发表在《J.Applied Mechanics（应用力学杂志）》。这里还有一个小故事：有关专家在评审通过这篇论文后，建议把标题缩短，即改为《Determination of Plastic Stresses and Strains in Rotating Disks with Nonuniform Metal Properties》。然而，李敏华在最终提交的文稿中却在标题上加了个关键词"一个简单方法（A Simple Method）"。初看起来，似乎李敏华把自己论文的调子降低了，只是一个简单的方法。其实，她是在释放一个明确的信号：这篇文章不是科学家在玩弄深奥的理论，而是要解决实际工程问题、能为工程师们应用。

这种重视工程问题、强调工程应用、关注为工程师服务的研究工作态势，是李敏华在其学术生涯中一直坚持不渝的。2012 年 4 月，作为李敏华在"文化大革命"结束后招收的第一批研究生，力学研究所的梁乃刚研究员在接受采访时说[①]：

> 李先生从来没有问过我们发表多少文章，她都是要求我们解决别人没有解决的问题。你说解决了还不算，等到工程界使用的人觉得解决了问题才算数。人家点头了，那才是真解决了。这也很干脆，也不用说现在所要求的"你给我列出你的创新点在哪里？"之类的话，李先生从来没有叫我们这么做。

---

① 梁乃刚访谈，2012 年 4 月 16 日，北京。资料存于采集工程数据库。

应当说，这种态势是应用力学学派的一个核心理念。1956年1月16日，钱学森在力学研究所成立大会上向全体工作人员做了《关于力学研究方法》的报告，也彰显了同一种理念。在报告中，钱学森说道：

> 任何科学研究必须和实际结合，挑选题目应当符合国家工业推进的方向。力学研究一定要以实验结果和工程经验为出发点，要耐心考虑实际生产过程中发生了什么问题。从里面可以发现其中的共同之点，解决这一问题就可以解决类似的若干问题……我们是力学工作者，力学工作者就是为工程师和设计师提供理论依据，为他们服务的。

所以，钱学森强调：研究的结果要注意实践的意义，"我做出了结果，用不用由你"的清高思想是不对的，研究结果应该拿出来给人看，要工程师能够应用你的研究成果才算完事。李敏华和钱学森等大师级的力学家们，就是这样看待研究和应用的辩证关系的，他们继承了哥廷根学派的作风，坚持研究要从工程需求出发并且要应用于工程实际。这也是他们能取得一个又一个成功的"秘诀"。

第五章
策划回国

对于出国读研和工作的动机，李敏华在思想上一直是明确的：去美国的目的就是要学成归来建设祖国。但是，正当工作告一段落要准备回国时，朝鲜战争爆发了，回国变得异常困难。她和吴仲华主动从 NACA 辞职，换到大学里去教书，以便利于离美回国。然而不久，美国政府对于在大学工作的、理工医学科的中国留学生回国横加阻挠。直到 1954 年暑假，李敏华一家才以赴欧旅游为名离开美国，绕道西欧、苏联于 12 月 2 日抵达北京，使得他们报效祖国的夙愿变为现实。

从 NACA 辞职

对于在 NACA 路易斯飞行推进实验室的工作本身以及对于解决实际工程问题的研究工作，李敏华和吴仲华都是满意的。然而，他们在那里工作的目的是：得到实际经验，为将来回国后的工作做准备，所以一直怀有报效祖国的心愿。特别是，那时他们订阅了《华侨日报》，看到许多国内的好消息，更想早日回国。由于 NACA 的工资待遇不错，到了 1950 年他们已将所有的负债还清，就拟定在1951年夏天回国，因为到那时他们两人所承担的研究工作都可以告一段落了。

1951年，他们两人都完成了多篇论文和NACA的研究报告：李敏华先后完成三篇署名M.H. Lee Wu（吴李敏华）的NACA技术报告，在1950年秋举办的第三届塑性年度会议上宣讲了重要论文《论应变硬化区中轴对称平面塑性应力问题》，从而奠定了她在塑性力学领域里的地位；吴仲华则先后完成11篇NACA研究报告，并于1950年冬在美国机械工程学会的讲台上宣读了著名论文《轴流、径流和混流式亚声速与超声速叶轮机械中三元流动的通用理论》，开创了在三维空间精确分析燃气轮机中气体流动规律的新纪元[①]。应当说，这个时期正是他们两人在NACA的研究工作进入了"如日中天"的阶段。由于工作卓有成效，引起了美国有关方面的关注，他们要求李敏华和吴仲华加入美国籍。但他们不愿意，美国人就不停地追问他们。这不仅是因为吴仲华在搞燃气轮机，也因为李敏华所在的材料与结构部开始搞原子能研究，这样一来密级的要求更高了。所以，在NACA工作期间，美国移民局先后三次给他们申请入籍的表格，NACA研究部门的老板也询问过吴仲华入籍的事情，但吴仲华和李敏华一直推说"还没有想长期留在美国工作"的打算。

1950年11月底，吴仲华专程驱车去联合国大厦旁听中国政府特派代表伍修权在联大的发言。当时，联合国安理会正在就中国政府控诉美国侵略朝鲜和侵占中国台湾议案展开大会辩论，这是新中国的外交家们在联合国安全理事会议上的第一次亮相。正因为这是新中国第一次组团参加联合国会议，所以吸引了许多人早早地到场静候。会前，美国各界得知中国代表团将出席今天的会议，许多人都千方百计地弄到大会的旁听证，特别是在美国的华侨和华裔人士，包括著名的教授、学者，甚至在美国的国民党官方人士，都千方百计地设法来到会场旁听。这次联合国安理会决定同时进行两个议题的辩论：中国提出的"控诉美国侵略中国案"和美、英等六国提出的所谓中国"对大韩民国侵略案"。11月28日下午，安理会的辩

---

① 吴仲华传。中国科学院工程热物理所内部资料。

论异常激烈，中国代表团团长伍修权做了轰动世界的精彩演讲。在伍修权发表演说的过程中，美国的电视台还做了实况转播，第二天美国的各种报纸都发表了有关我国代表团发言的消息和演说的内容摘要，可见其影响是不小的。伍修权的演讲在纽约长岛成功湖的联合国大会会场掀起了反对侵略行为的浪潮，引发了民间和官方的强烈反响，不仅是留美的中国学生、当地的华侨与黑人备受鼓舞，连普通的美国老百姓也感到非常惊讶，因为毕竟还没有哪个国家敢在联合国这样义正词严地谴责美国当局。

在国际舞台上听到新中国代表的声音，使李敏华、吴仲华夫妇十分兴奋，更坚定了他们回国效力的决心。

转入大学工作

对于新中国的成立和发展，远在美国的李敏华一直是看在眼里、喜在心上。她在《自传》中回忆道：

> 我们清楚地看到新中国所做的一切，正与美国的宣传相反，（新中国）是将数十年来中国人民的要求和希望付诸实现，并且所采取的一切步骤是那么的合理、正确和成功，使我们感到无限的兴奋和快乐。这一切更使我们急盼回国的计划早日实现，更急盼能早日参加祖国的建设工作。在抗美援朝以前，当中国解放军在发出警告后炮轰在长江帮助蒋匪撤退的军舰时，我们也很高兴，这是一百年来中国首次在自己的领江做有实力的自卫。所以我们积极地计划转入学校工作，以便工作一年后离校回国。

李敏华夫妇认为，朝鲜战争之后，中美两国政府便成为了"敌人"，如果还在美国国家机构做研究，研究成果早晚会用来打中国人的。他们不愿意有这样的结果，所以急于要离开 NACA。但是他们也知道，在当时是不可能马上回来的，因为要从美国国家的一个军事研究所直接回国必然会遇到许多麻烦。1950年夏，得知朝鲜战争爆发时，他们就决定要尽早结束研究工作。在当时的情况下，李敏华的心态很不平静，她回忆道：

> 在这个时期，我们一方面为回国问题担心，但另一方面又为我国的抗美援朝运动高兴。虽然在美帝和蒋匪特务大肆宣传之下，但我们仍能清楚地在中国的抗美援朝运动中看出新中国政府对外政策的独立、自卫和追求和平。

事实上，朝鲜战争一发生，那些在美留学生的回国事情就发生了问题。首先有钱学森在美国西海岸被扣事件发生，因为他参加了一些更保密的工作，紧接着又有赵忠尧等在日本被扣的事件发生。那时李敏华和吴仲华两人都在涉密机构（NACA的航空研究所）工作，他们不敢直接向移民局办理回国手续，怕引起纠纷而不能达到回国的愿望。当看到当时在学校念书或工作的中国同学能离美返国，他们决定设法转入学校工作。

图5-1 李敏华在纽约布鲁克林理工学院工作时居住的公寓

图5-2 回国途中参观德国奔驰公司时李敏华全家留影（右三为李敏华）

1951年2月，吴仲华与设在纽约的布鲁克林理工学院（Polytechnical Institute of Brooklyn at New York，PIB）接洽成功了调换工作的事宜。当时布鲁克林理工学院正好需要既能教书同时也会做研究工作的人员，而且待遇极优。吴仲华被聘为布鲁克林理工学院机械系的正教授，负责该系热力工程组，包括发展该组的研究工作。考虑到NACA的工作还需要一些时间来进行扫尾了结，布鲁克林理工学院的工作就安排在1951年9月开始。关于李敏华的工作，当时并没有向布鲁克林理工学院校方提及，因他们只想借此离开航空研究所以便返国。但是，当布鲁克林理工学院机械系主任间接得知，李敏华也是麻省理工学院的博士并在NACA做研究工作，而且布鲁克林理工学院的航空系主任Dr.Hoff曾在塑性力学年会上听过她的研究报告，对她的业务水平和工作能力有着直接的感受，校方主动提出了李敏华的工作问题。然而，那时李敏华夫妇只希望吴仲华在该校工作一年后即举家离美返国，觉得李敏华以不参加工作为宜，因此，他们对校方婉转地回答说：两人的工作可分别考虑，等秋季开学后再定。1951年9月5日，李敏华和吴仲华正式从NACA辞职，随后全家搬到纽约居住，那是一座出租的公寓房。尽管对于一个在美国居住的家庭来说，买房子比租房子合算多了，但因为准备近期就要回国，所以没有买房子。

然而，时势发展并不如人愿。1951年10月，就在他们搬到纽约后不久，发生了美国政府在檀香山扣留回国途中的学习理工医科的中国同学的事件，同时其他正在办理回国手续的中国学生（理工医专业）亦收到"不得回中国及不得企图离美"的通知，此外还有中国同学被捕的事件发生。这样一来，李敏华和吴仲华原来拟定的在学校工作一年后直接回国的计划就搁浅了。由于在短时间内无法离开美国，于是李敏华决定到布鲁克林理工学院去应聘。李敏华对此记忆犹新[1]：

钱学森不是被扣留了嘛！我们就想：从NACA走，那就很危险。

---

[1] 中央人民广播电台采访李敏华院士录音整理稿。

第五章　策划回国　　67

所以，我们决定换一个工作，从学校里还好走，我们就换到学校里教书了。

不仅对自己如此，她对自己回国后招收的研究生们也是这样要求的，总是劝他们在条件允许的情况下回国为祖国多做贡献。她的研究生毛天祥回忆道[①]：

> 我后来在1996年又去了一次美国，到美国加州大学洛杉矶分校（UCLA）。快到年底的时候，在李先生的生日那天，我打电话回来向李先生祝贺。李先生对我说，"我们是要回来的喔。"她一有机会就劝我们回来。前不久，李先生的研究生陈岱珩回来（他已经是日本一所大学的系主任了）。我陪他一起去看李先生，李先生还在问他：能不能回来？在她的心目中，只要有机会，就会劝她的学生、认识的人回国为国家效力。

在布鲁克林理工学院从事研究工作

从1952年9月起，李敏华开始到布鲁克林理工学院工作。开始在航空工程和应用力学系做研究教授，到了当年的12月，转到该校机械工程系担任研究指导，直至离美回国前的1954年7月底。在布鲁克林理工学院工作期间，李敏华的研究工作主要涉及两个方面：在航空系主要做热冲击应力的研究工作并担任研究组长；转入机械系后主要做冲击波应力的研究工作并担任研究指导。应当说，这个职位在布鲁克林理工学院是很高的。因为在那时，按照布鲁克林理工学院的规定，该校研究工作人员的职位分为五个级别，最高级为"研究指导（Research Supervisor）"，以下依次

---

① 毛天祥访谈，2012年9月4日，北京。资料存于采集工程数据库。

为"研究组长（Research Group Leader）""副研究员（Research Associate）""助理研究员（Research Assistant）"和"学习研究员（Research Fellow）"。全校研究人员中担任研究指导者的为数极少。根据保留至今的布鲁克林理工学院教学、研究与管理员工名册可以得知：全校当时有将近 600 名教职员工，其中只有三名研究指导。李敏华在进校仅三个月便被任命为研究指导，表明了布鲁克林理工学院校方对李敏华研究能力与水平的认可。由于李敏华的住处离学校较远，同时还要照顾两个幼小的孩子（那时小儿子经常生病），所以在开始工作之前，李敏华就直接向机械系主任提出如下要求：大部分工作在家中进行，待遇可以不计较，但工作时间要允许有伸缩性。系主任全盘接受了这些要求，并将年薪定在 7200 美元。

尽管转到布鲁克林理工学院后，李敏华只得改变在 NACA 已经取得斐然成绩的塑性力学研究方向，重新开始在一个新的领域里探索，但她不愧为称职的研究指导，在不到两年的工作时间里，就完成了一系列的布鲁克林理工学院研究报告：（1）《线性变化截面的杆在冲击载荷下的应力分析（Impact Stress in Bars Having Linearly Varying Section）》；（2）《在半无限体和半无限板中的应力波的反射系数（Coefficient of Reflection of Stress Wave in Semi-infinite medium and Semi-infinite Plate）》；（3）《在具有不同截面和形状的弹性杆中应力波传播的研究（Study of Stress Wave Travel in Elastic Bars of Varying Cross Section and Shape）》。特别是最后这份报告的内容是李敏华承担的一项合同任务，合作者为布鲁克林理工学院的米基特教授（E. L. Midgette），他们先后提交了五份季度进展报告和一个总结报告。另外，李敏华还撰写了一个研究快报《用模型说明热冲击下的塑性应力和应变》。熟知研究工作规律的人都知道，从进入全新领域到获得有价值成果、再到发表学术论文，至少需要三五年的时间，然而李敏华能够如此迅捷地完成一系列研究课题，表明了她应用力学功底的扎实，而涉足这个新领域也为她回国后从事与航天航空相关的高温固体力学做了一定的铺垫。

在此期间，李敏华依然积极地参与相关领域的各种学术活动：（1）出席学术会议并宣讲论文。1952 年 10 月，出席在美国费城召开的全国金属学术会议；1953 年 9 月，出席在布朗大学召开的第四届塑性力学会议并宣读论文《旋转盘径向材料性能的不均匀性对于塑性形变的影响（Effect of Radially Non-uniform Metal Properties on Plastic Deformation of Rotating Disk）》。（2）接受有关方面的请求，进行论文评议。1952年9月，她在布鲁克林理工学院航空系任研究组长期间，应美国金属学会主席奇普曼（John Chipman）的邀请，对题为《耐蚀铝合金14S-T6对于可变双轴应力比的塑性应力—应变关系（Plastic Stress-Strain Relations of Alcoa 14S-T6 For Variable Biaxial Stress Ratios）》的论文进行评价。她不像一般评审人那样简单评价一下论文工作的优劣，而是具体指出：作者完成了十分有用的实验，但实验数据可以采用不同方式来处理。更令人感动的是，她利用原文的数据做出了三幅图和一张表，根据这些图表指明了各向异性的影响，对实验结果给予了一个全新的解释。奇普曼主席因此邀请她出席在当年10月20日举行的美国金属大会，在大会上宣讲这个讨论。1954年初，李敏华又应邀对在1953年ASME年会上宣讲的一篇论文《高温下旋转盘蠕变实验及其与理论的比较（Creep Tests of Rotating Disks at Elevated Temperature and Comparison With Theory）》进行讨论。李敏华在其提交的讨论文字中，首先对问题的重要性和复杂性以及作者的细致工作做了肯定，但表示不尽然同意作者的一个结论，并详细地给出四个方面的考虑，以说明影响实验与理论比较还要计及若干其他因素。这些不仅表明李敏华在塑性力学理论基础的深厚，也展示了她对工作的认真负责。这其实是李敏华贯而有之的学风。例如，她保存在保险柜里的另一份资料涉及1950年2月在NACA工作期间，应邀对题为《不规则圆柱体受到冷却时的应力（Stresses in Cooled Irregular Cylinders）》的技术报告进行评审的事宜。接到这项工作后，她调阅了重要的参考文献，比较了传统方法与松弛方法两种途径，重新推导校核了原作者给出的方程与公式，从而指出报告存在诸多问题。在提交给有关主管的备忘录（含评审意见）中，她写道：

很遗憾，我不能对这篇报告做出肯定的评价，我的责任要求我必须对你说出事实所在（I regret not being able to submit favorable comments on Mr. Holm's report, but I feel it is my responsibility to state the facts to you）。

这就是李敏华对于科学家责任的理解与实践。

鉴于李敏华在学术上的成就，1953年5月15日，她被遴选为西格玛Xi学会布鲁克林理工学院分会的正式会员。李敏华院士的保险柜里珍藏着这份会员证书，上面写着：

西格玛Xi学会致力于促进科学研究，谨以此证书确认吴李敏华（M. H. Lee Wu）在1953年5月15日被遴选为西格玛Xi学会布鲁克林理工学院分会的会员，她将可以充分享受学会章程及其附则所规定的所有权利（The Society of the Sigma Xi devoted to the promotion of research in science, by this certificate warrants that M. H. Lee Wu was duly elected a member of the Polytechnic Institute of Brooklyn Chapter of the Society of the Sigma Xi on the 15th Day of May in the year 1953 and is fully entitled to all the privileges granted by the constitution and by-laws）。

在当时，被遴选为西格玛Xi学会的会员是优秀青年科学家能够得到的一项崇高荣誉。

精心策划　绕道欧洲回国

学成回来报效祖国是李敏华赴美留学的根本目的。对此，吴仲华和李敏华在1988年接受采访时曾强调说[1]：

---

[1] 杜开昔采访吴仲华、李敏华录音，1988年11月23日，北京。

这是由于背景不一样，我们经过抗战时期的日本侵略，想法不一样。当时我们对于钱没有像现在年轻人看得这样重。我当时在美国的工资是每个月 1000 美金，她是 860 美金，我们两个人每月 1860 美金，此外还有咨询费。回来以后呢？我是 287 元人民币，她是 240 元。差别是很大的，如果是为了钱，我们是不会回来的。

所以，报效祖国是他们不改的痴心。当时，一些老师和同学也从祖国写信劝他们回国。吴仲华曾回忆"清华大学副校长刘仙洲就写信给我们希望我们回来，白家祉也给我们写过信"。但是朝鲜战争爆发后，麦卡锡主义在美国盛行，他们回国的计划安排遇到了麻烦，特别是看到钱学森等人的遭遇，他们对回国的事情处理得更为小心谨慎。李敏华回忆说[①]：

钱学森因为是在 CIT 做火箭方面的工作，他在上船之前被扣留了。他还有夫人来照顾孩子，我们就不行了。如果我们两个人都被扣留了，谁来管孩子？因为我这个部门要搞原子核。

所以，为了避免引起不必要的麻烦，他们没有参加中国留学生的"科协"组织，他们不再订阅中文报纸《华侨日报》，他们也不再教孩子讲中文了。关于教孩子中文的事情，李敏华说：

在我们快要回国时，是想教孩子中文的。但那时我们找中学生照顾小孩，每个周四下午从三点到六点，她来帮助我们照看孩子。我们跟小孩子教了中文之后，中学生疑惑了。比如，我们告诉他们花生米是 Peanut，以后这个中学生就来问我了：什么叫花生米？我们住的地方有许多是在联合国工作的人，也有来自台湾方面的人，我们楼下住的就是从台湾来的。我们突然一下子教他们中文，怕引起他们的怀疑。这样，我们就不再教孩子们中文了。

[①] 杜开昔采访吴仲华、李敏华录音，1988 年 11 月 23 日，北京。

在采访中，杜开昔还曾经提问过他们："那时，你们跟同事说过要回大陆吗？"李敏华回答道：

> 我们住的地方是为在联合国工作的人员预备的，有空的时候别人也可以住。当时有几位台湾来的代表，我们就不敢与他们讲……中国留学生，即使他本人不回国，也还是可以与他讲的，除非是特别倾向台湾的，我们就不与他们商量了。我们跟许多同学都说过的，但是没有与同事说。

总之，为了能够实现回国效力的愿望，他们十分小心地不让一般人知道自己的回国倾向。

如何实现回国的愿望呢？李敏华和吴仲华精密地筹划了很久，尝试了许多途径。李敏华在《自传》中回忆道：

> 虽然我们的工作地位及条件都很好，虽然我们的工作性质很适合，虽然我们的私人生活很富裕（我们的收入远超过美国薪水阶级家庭收入的平均值），虽然美国政府对中国学生离美的阻扰极严，但我们没有忘掉使我们决定学习工程的主要原因，没有忘掉在学生时代所目睹的一切事件，我们更清楚地看出新中国的一切是中国人民盼望已久的境地实现，所以我们坚决地试探及进行了很多有可能性的离美计划。我们计划借参加在土耳其召开的国际工程力学学会之际回国，遇到了困难；吴仲华同志向印度及其他外国找寻工作，没有成功；吴同志向联合国登记联合国派往亚洲国家的工程工作，没有下文；后来拟于1953年夏以省亲名义赴港，为同学所反对，他们认为如请求赴港则极易引起美国移民局的怀疑，不但赴港计划不成，反而会使以后行动更为困难。最后决定以暑期旅欧名义向美移民局旅行部请求旅行后再回美国的证明（在美的外国人夏季赴欧极多，不易被注意），我们因系居留民身份（在美国航空研究所工作时申请的），可请求美国的再入境证，而请得再入境证后，一方面可以免去他们的怀疑，另一方

面可用它请得欧洲各国旅行签证，有欧洲国家的旅行签证后就容易离美。经过谨慎地考虑和计划，我们在1954年2月正式开始办理手续（1953年暑期先在美国旅行，以便与1954年暑期旅行欧洲计划有连贯性）。经过相当时期的紧张，办好了一切手续。最后，在友人那里得知星期日飞机场美国移民局无工作人员在场询问，因此决定在8月1日（星期日）乘机离美赴英。

李敏华回忆了其中的细节[①]：

有一个熟人叫梅祖彦，就是一位朋友李敬送他回国的。李敬回来告诉我们，星期天移民局的人在机场查得不严，很容易出境。在飞机离地的时候，我们真是说不出的高兴，知道一切已无问题了。

为什么选择乘飞机？吴仲华说[②]：

我们发现一个"窍门"：有人坐船回来，上船时美国移民局的人要来检查护照，我们怕出问题。如果坐飞机回来，尤其是星期天，没有人来问，只有航空公司的人给登记一下就可以了。

李敏华儿子吴明也谈到，母亲后来跟他讲"当时许多人还不太敢坐飞机，因为有时会听到飞机失事的报导，但这样容易离境。"[③]

他们在欧洲期间，曾到英国、联邦德国、瑞士等国的大学、研究所和工厂参观访问，后来到瑞士大使馆去办护照，他们选择的路线是从捷克到苏联再回来。吴仲华和李敏华一直等到在瑞士取得了中国的护照以后，才写信给布鲁克林理工学院校方，说在瑞士找到了新工作辞掉在美国的工作。

---

① 杜开昔采访吴仲华、李敏华录音，1988年11月23日，北京。
② 同①。
③ 吴明访谈，2012年1月21日，北京。资料存于采集工程数据库。

从西伯利亚到满洲里之后，由于吴仲华生病，全家在满洲里住了几个星期，到 12 月 2 日才抵达北京，随即在位于西四王府仓的教育部留学生招待所居住了大约五个月。同一时期，程世祜、周光炯和郑哲敏等回国留学生也居住在这座中式庭院里。吴明也在访谈中回忆道[①]：

> 我们刚回国时，分到一个小四合院里面，自来水都没有，还要自己烧煤炉。那时不是在清华，是在城里，他们（父母）在那里等待分配工作……对于小孩而言，觉得这个地方怎么这个样子的？实在跟国外的条件差远了……但是我的父母很少抱怨，他们是什么环境都能适应的。

在正式分配工作前，他们于春节期间曾举家赴沪探亲。从 1955 年 2 月开始，李敏华和吴仲华在教育部招待所学习了两个月。4 月 1 日，吴仲华应清华大学副校长刘仙洲聘请，担任清华大学动力工程系教授兼系副主任[②]，全家随之搬到清华大学宿舍里。对于回到祖国，李敏华十分兴奋和愉快，她在《自传》中写道：

> 在瑞士，我们以兴奋和愉快的心情走进了我们祖国的使馆。在那里，我们得到了许多指导和帮助，我们立即办了捷克和苏联的过境签证。终于在 1954 年的 12 月 2 日，由苏联回到祖国的首都北京。现在我们已走上了祖国的工作岗位，毫无疑问，我们愿为祖国的建设工作尽最大努力。

为祖国的建设工作献身，是李敏华此时此刻的最大心愿，她期待着新的生活、新的征程。

---

① 吴明访谈，2012 年 1 月 21 日，北京。资料存于采集工程数据库。
② 吴仲华自传。中国科学院工程热物理所内部资料。

第六章
力学研究所

　　李敏华在教育部招待所学习了两个月后，面临分配工作的事宜。刚回北京时，北京航空学院表示愿意接受她和吴仲华两人去学校工作。但吴仲华觉得自己的研究工作已经搞得相当深了，想继续搞下去，所以不大愿意到学校里教书。他想到科学院工作，就去找当时的技术科学部主任严济慈，但是严济慈告之科学院里还没有动力方面的研究工作。此时，清华大学副校长刘仙洲邀请吴仲华去清华建立动力工程系。1955年4月1日，吴仲华到清华工作，全家随之搬到清华大学新林院71号。李敏华起初也是准备到清华的，但听同学白家祉说："清华大学力学系已经人满了"，于是就放弃了。后来又听说北京大学有力学系，并知道清华大学的钱伟长是搞力学的，就打电话给钱伟长询问北大力学系的情况。钱伟长说："你不要到北京大学去了，我现在正准备在清华大学建一个力学研究室，属于中国科学院的数学所。"所以他就把李敏华留下来了。当时，数学所力学研究室的成员不足10名，新中国成立初期回国的研究人员有李敏华、郑哲敏、程世祜、林鸿荪以及庄逢甘等。1955年5月14日，经科学院人事局介绍，李敏华正式进入位于清华大学南门附近的中国科学院数学研究所，在由钱伟长领导的力学研究室里工作，任副研究员。同年10月，钱学森回国并着手筹建力学研究所，李敏华参与了创建工作，从此她开始了在中国科学院将近60年的学术生涯，成为新中国塑性力学的奠基者和引路人。

开创塑性力学新领域

到了1955年夏天，数学所力学研究室的人员增加了，钱伟长提出要成立几个研究组，当时分了流体组、弹性组和塑性组三个组。李敏华担任塑性组的组长，研究组的成员有大学生刘正常、叶均道和中专生齐景泰。当时按照数学所的做法，各组的工作是各自独立的，研究人员基本上是天天坐在办公室里看书、写文章，与外界的联系很少。但是，政治学习时，大家是在一起的，全所副研究员以上的高级研究人员分在一个专门的小组里，每周学习一次。此外，全所每两周大扫除一次，所有的高级研究人员都要参加。还有，每天一到10点钟就放高音喇叭，大家都要出来做工间操。政治学习、大扫除和工间操，应当是新中国研究单位的"特色"，李敏华是要逐步适应的。此外，当时的办公室都是新中国成立前的老房子，冬天暖气要自己烧，这点也要比美国大学的条件差得多[①]。但是，李敏华对这些物质条件都是淡然处之的，令她高兴的是：现在她将带领年轻学子在新中国开拓塑性力学这样一个新的学科领域，这是她为国效力的事业所在。

1955年8月1日，中美大使级会谈在日内瓦开始，王炳南大使以钱学森给陈叔通先生的信为依据，迫使美国政府允许钱学森离美回国。中国科学院盛情邀请钱学森主持建立力学研究所并担任所长。9月，力学研究室工作人员搬到位于中关村的中国科学院化学研究所新建大楼的四楼东侧办公。李敏华开始承担建设固体力学实验室的筹备工作，进行了"交变加载"试验的准备工作。应当说，这是按照应用力学的

---

① 郑哲敏访谈，2012年7月19日，北京。资料存于采集工程数据库。

模式从事塑性力学研究的重要步骤,已经开始区别于前面所述的在数学研究所建制下的经典学究模式。当时,她在清华大学杜庆华的支持下,与清华大学的材料力学实验室合作开展实验研究,还派一名实验员去该实验室一边工作一边学习。从10月开始,李敏华在清华大学讲授塑性力学课程,听课者多为北京各院校的教师,并负责指导清华一名助教从事研究工作。因为她深知,为新的学科领域培育人才是至关重要的事情。

钱学森于10月28日抵达北京,为了筹建力学所,11月他便到力学研究室参加领导工作。根据与钱伟长等研究人员的讨论,他决定在即将成立的力学研究所,设立流体力学、塑性力学、弹性力学和自动控制四个研究组。1956年1月,中国科学院力学研究所正式成立,从而改变了旧中国没有专设力学研究机构的落后状况,而建所伊始成立的四个研究组也是按照近代力学的理念确定的。对于研究方向,钱学森强调说:"任何科学必须和实际结合,挑选课题应和国家工业推进方向相适应"。这种应用力学学派的做法,对于李敏华而言便是如鱼得水般的一致。她和数学所力学研究室的人员一起转入了力学所工作,并继续担任塑性力学组组长,而此时从国外学成归来的黄茂光、杨南生也加入了塑性组。

按照力学所规划的要求,塑性力学研究组的方向为"弹塑性本构关系",1956—1958年以"金属在高温下的塑性理论"为研究重点[①]。经过1956年上半年的《12年科学技术发展远景规划》制定工作,力学所进一步明确了固体力学的重点研究方向是:(1)为了发展高温机械的设计理论,研究高温下金属的蠕变和松弛基本规律,并依此来计算构件的变形;(2)为了发展抗撞击和穿甲理论,研究高速下金属的应力应变关系以及塑性应力波的传播和反射等问题;(3)为了发展金属压力加工的理论,研究高温下金属的快速变形和应力关系,并依此来计算压力加工过程中的变形外力的相互作用;(4)为了发展抗御地震结构和抗御爆炸结构的理论,研究弹性动

---

① 力学所文书档案 A011-5,A011-13。存于中国科学院力学所档案室。

力学和弹性体在随机负载下的应力应变；（5）为了发展高速飞行器的结构设计理论，研究热应力问题和颤振问题。此外，还强调发展固体力学的实验技术，包括光弹性技术和振动技术等。这里，除了第（4）项以外，涉及的研究内容均属于塑性力学范畴，它们是依照《远景规划》第十二项"现代自然科学中若干基本理论问题的研究"来考虑的，由此塑性力学研究组的工作纳入了国家的科学规划。

在新成立的力学所里，李敏华承担了一系列的职责与任务：1956年9月26日，李敏华收到中国科学院院长郭沫若签发的聘书，担任了力学研究所第一届学术委员会委员；1957年2月10日，李敏华当选为新成立的中国力学学会副秘书长、理事、常务理事以及固体力学专业委员会副主任委员；随后，还担任了新创刊的《力学学报》编委；1957年9月27日，力学所第十二次所务会议研究招考研究生事项并确定由李敏华等设置"材料力学"考题[①]；1958年初，由力学所第十三、十四次所务会议讨论通过试行力学所题目组制度[②]，题目组分别隶属于五个研究组（即弹性力学研究组、塑性力学研究组、流体力学研究组、化学流体力学研究组和运筹学研究组），塑性力学研究组一共有八个题目组共计28人，其中由李敏华主持的课题有两项：塑性平面问题的研究和塑性变形后的再屈服面研究。1958年5月7日，李敏华出席力学研究所第一届学术委员会第一次会议，讨论议定了《力学研究所1958—1962年五年规划（修正稿）》等；5月18日，在钱学森主持的力学所第十七次所务会议上，确定了所内学科规划及中国科学技术大学力学系相应专业教学工作的分工，李敏华被指定负责塑性力学（所内学科）和高温固体力学（二专业）的相关工作[③]。从上面简要列述的情况可以看出，李敏华回到祖国、进入力学所以后，不再像她在美国那样单纯地从事"单兵式"的研究工作，而是在一个国家级研究所的层面上率领一支团队去开拓学科新领域。

---

① 力学所文书档案A011-7。存于中国科学院力学所档案室。
② 力学所文书档案A011-19。存于中国科学院力学所档案室。
③ 力学所文书档案A011-29。存于中国科学院力学所档案室。

图 6-1 力学所创建初期塑性力学组合影

力学所的创建为李敏华搭建了一个宽阔的工作平台，在这个崭新的舞台上，她不断地扩大自己在塑性力学领域的研究工作。使她欣喜的是，增长的势头很好：1955 年 5 月到科学院报到、工作时，从事塑性力学的只她一人，到 1956 年底有 20 人，到 1957 年底更是发展到 28 人；在塑性力学研究组里，高级研究人员便有五名，他们是李敏华、黄茂光、杨南生、朱兆祥和刘德修，还有助理研究员一名，其余为研究实习员。除了陆续分配来的大学生，塑性力学研究组还招收了范元勋等四名研究生[1]。李敏华深知，队伍建设是首当其冲的。她对于选择进入塑性组的大学生有着自己的想法：让学理科的（诸如北京大学的毕业生）和学工科的（诸如北京钢铁学院、东北工学院的毕业生）结合起来，一起搞塑性力学。这就是说，李敏华从一开始组建班子的时候，便注意要使研究队伍的结构得以优化[2]。为了吸引优秀学生来塑性组工作，李敏华亲自谈话、动员。例如，王礼立

---

[1] 力学所文书档案 A011-19。存于中国科学院力学所档案室。
[2] 姜伟访谈，2012 年 5 月 23 日，北京。资料存于采集工程数据库。

在1956年夏从北京钢铁学院金属工艺系的压力加工专业毕业,面临着两个不同去向的选择:留校读研或分配工作。当时学校系领导希望他留下来做本校张兴钤教授的研究生。与此同时,他收到李敏华邀请其到力学所"去看看、见见面"的信息。作为回国不久的高级研究专家,李敏华十分热情地接见了王礼立,详细介绍了塑性力学的发展,还特别告之"塑性力学正是要从力学和金属学两方面结合起来发展",并表示"可以一边工作、一边在她的指导下像研究生一样学习"。为了免得王礼立为难,李敏华还告之:她和张兴钤教授在美国时就熟悉,现在也经常见面,会主动给他打招呼的。谈话完毕,李敏华又立即带着王礼立去见钱学森所长并得到热忱欢迎。正是在这样真诚的感召下,王礼立毫不犹豫地来到力学所,成为塑性组的一名成员。

在塑性力学于中国尚属空白的情况下,李敏华是如何从零开始逐步培养、组建研究队伍的呢?组织文献报告会是当时的一个重要举措。从1956年2月开始,李敏华先后成功组织了两个系列报告会,即塑性力学文献讨论会和高温蠕变文献报告会,每个系列历时半年左右,频率为每周一次。为了开好报告会,她首先精选出在相关学科领域发展过程中有重要影响的国外文献,并与在塑性力学方面有所造诣的王仁(北京大学)、杜庆华(清华大学)两位先生一起研究讨论;经他们共同讨论后,确定10—20篇经典论著,然后分配给报告者,大家分头准备、轮流做报告;报告人还需把自己阅读的文献翻译成中文,为出版文集做准备。系列报告会都是由李敏华主持,一般是先介绍经典文献的主要内容,再进行深入讨论。参加者除了力学所塑性力学组全体成员和王仁、杜庆华两位先生外,还有北京钢铁学院的张兴钤、王梅英、潘立宙和柯俊以及物理所的陈能宽等先生。这种做法,既发挥了集体智慧又体现了跨所校、跨学科的特点,是一种高效、系统、深入地培养新人的极好途径,对于塑性力学研究队伍的形成起到了至关重要的作用。李敏华十分注意通过这种方式培养和锻炼年轻学子,她安排刘正常、王礼立等刚刚参加工作的研究实习员参加文献调研和报告会,并且在具体过程中教会他们如何查找跟踪阅读文献、如何做文献卡片、如何挑选重要文献以及如何报告文献等。在每个年轻人到会上报告文献之前，她都要组织预讲，亲自听取报告并提出改进意见。例如，她总是循循善诱地告诫着：要客观地介绍作者的主要论点和创新点，在这方面不可添油加醋，不能夹杂自己的主观意见；要提出自己对文献的评述意见，但不能和作者的观点混为一谈。她向年轻学子们反复强调，这些都是做研究必须具备的科学态度和基本功夫。年轻人在会上报告之后，她还要进行个别评述，指出哪些地方讲得不错、哪些地方需要改进；对于文献的翻译文稿，她都要亲自阅看修改。为了带动新中国塑性力学的发展，中译文集原定是要正式出版的，而且塑性力学研究组的秘书刘正常把报告人的译文已经收齐并交给李敏华审阅，还受命送至王仁家中请他复审。后来，由于整风"反右"、大跃进等政治运动，已经准备好的文集未能付印。新中国的塑性力学领域就是在这样边学习、边研究的模式下逐渐拓展壮大起来的。

与组建队伍同步进行的是研究工作，在李敏华的领导和几位高级研究人员的带领下，塑性力学组的各项课题研究都在顺利进行着。仅以李敏华本人的课题而言，1956年她承担的研究课题有三项，即金属在高温下的塑性理论文献总结、二维塑性应力集中问题、正负向交变加载下的塑性形变。此外，她还与钱伟长一起负责考虑提出与科学院金属所及应用物理所取得经常性联系的课题，以期根据金属在高温下的物理性质假定一些简单的模型从而得到一些高温下塑性应力应变关系，同时通过进行配合性实验来判断及鉴定各种模型的准确性。1957年，她和杨南生一起从事常温塑性理论的理论和实验研究。1958年，她又负责一个新课题"塑性变形后的再屈服面研究"。此外，李敏华还参与了高速载荷下塑性变形文献总结与位错理论等课题研究。相关课题亦取得了很好的进展，例如在常温下塑性理论的研究上，李敏华利用之前有关三七黄铜的实验数据，讨论了在小弹塑性范围内关于应力应变关系的现有理论的适用性；在常温塑性的实验研究上，李敏华装置了复合应力试验机并进行了校核，试制了薄管试件；在二维塑性应力集中问题上，李敏华进行了铝试件的初步试验[1]。而且在她的

---

[1] 力学所文书档案 A011-14。存于中国科学院力学所档案室。

领导下，塑性力学组的高温塑性实验室初具规模，装备了蠕变机、疲劳机以及 200 吨的材料试验机等，这些设备多年来在力学所固体力学领域的研究工作中发挥了重要作用[①]。总之，在力学所创建时期，李敏华的研究与管理工作都是相当繁重的，科技产出也是丰厚的：（1）《塑性大应变的轴对称平面应力问题在金属硬化区的解法和一般性结果》获得 1956 年度中国科学院（国家级）自然科学奖三等奖；（2）在第一次全国力学学术报告会（1957 年 2 月）塑性力学分组会上宣读论文《材料的应力应变关系对于塑性平面应力问题的解的影响》，此报告还被选到大会上做宣讲；（3）出席在比利时布鲁塞尔召开的第九届国际应用力学大会，宣读论文《材料的应力应变曲线对于具有大塑性变形的塑性平面应力问题解的影响（Effect of Stress Strain Relations of Material on Solution of Plane-stress Problems with Large Plastic Deformation）》。鉴于研究工作突出，李敏华于 1957 年被提升为研究员（研究 3 级）。李敏华关于塑性力学的研究，一直得到国际同行的首肯。20 世纪 70 年代末，著名美籍华人力学家冯元桢（Y. C. Feng）来力学所访问时提到："在去年举行国际力学学术会议时，我们还讨论到李敏华的工作。"1981 年，美国哈佛大学知名力学家哈欣森教授（Hutchinson）与何明元的研究工作中也应用到李敏华的塑性形变理论。

  这里要着重指出的是，1956 年度中国科学院自然科学奖的获得是国家对李敏华学术成就的一种认可与肯定，因为这是新中国成立后第一次颁发面向全国的科学奖金。能够得到国家级奖励的研究成果总共有 34 项，来自高等学校、产业部门和中国科学院等不同部门，其中一等奖 3 项、二等奖 5 项、三等奖 26 项。1957 年 1 月 24 日，科学院以院长郭沫若的名义向社会公布了 1956 年度中国科学院科学奖金（自然科学部分）的评定结果，授奖仪式则是在 5 月 30 日的中国科学院学部委员会第二次全体会议的闭幕式上举行。可以说，李敏华回国后在新中国的科学史里留下了一个"记录"，她不愧为中国塑性力学的奠基者和引路人。

---

① 力学所文书档案 A011-5，A011-13，A011-14。存于中国科学院力学所档案室。

当然，和她一起推动塑性力学在中国发展的还有北京大学的王仁院士，他们是中国塑性力学界的两位泰斗。王仁对于李敏华是很尊重的。在祝贺李敏华七十寿辰的时候，李敏华的研究生范元勋来力学所参加祝寿活动，与会者对他说："你是李先生回到国内带的第一个研究生，你说说吧。"当范元勋刚刚发完言，王仁就说："不对！不对！你不是。我才是李先生的第一个学生呢。我在西南联大念书时，李先生都教过我。你还在我后头呢。"① 李敏华的另一位研究生梁乃刚同样记得，在一次全国塑性力学会议上，吃饭的时候有人说起：王仁是我们国内开展塑性力学的鼻祖。王仁听了以后说："不对。1950年在布朗大学召开美国塑性力学会议时，李先生已经毕业了，在NACA工作，我那时候还是研究生呢。"② 王仁的说法不仅表明他虚怀若谷的品质，更是他尊重历史、尊重事实的品格体现。

精心培养年轻学子

培养年轻学子是李敏华在力学所创建时期的一项重要任务，也是她开拓塑性力学领域使命的重要组成。根据力学所档案资料可知，从1956年2月起，李敏华承担了指导青年研究人员进行研究工作的任务，即培养高镇同、董振、刘正常、叶均道四人的研究能力（前二人是所外人员，后来叶均道调整为由杨南生来指导），要求每周两小时、期限至12月，培养重点在于试验方面③。除了负责指导自己的学生外，李敏华对每个新分配来的年轻人都是要亲自面见、谈话的，细心地了解他们的业务基础、兴趣爱好，然后给他们安排工作方向。对于新来力学所工作的年轻人，李敏华还不时地邀请他们到家里做客。力学所十二室的柳春图研究员至今还记得：

---

① 范元勋访谈，2012年8月28日，北京。资料存于采集工程数据库。
② 梁乃刚访谈，2012年4月16日，北京。存地同上。
③ 力学所文书档案 A011-13, A011-5。存于中国科学院力学所档案室。

我们来力学所之后，一开始就被告知，如果一年以后研究能力不行就要离开力学所，所以大家还是有点紧张的，平时也少有机会与她（李敏华）当面谈。这次正好到她家里去，我记得就有人问她这个问题，李先生先不正面回答。她给我们讲她的经历，讲她在美国、在国内是怎么生活、学习的，是如何学习好、工作好来为国家效力的。她在国外时，她一边学习还带着孩子，我们当时听了很感动：在国外念学位，那是很紧张的啊！而她当时还带着孩子。她给我们讲了当时的具体情况，这对我们是个深刻的教育：只要我们努力了，就可以不必有这个担心。她不是直接地回答问题，而是用她的经历教育我们，一直到现在，已经过了50年了，这仍然给我留下极其深刻的印象。[①]

为了使年轻人具备从事塑性力学研究必要的基础知识，李敏华主动安排他们去北大、清华等高校去旁听相关课程，甚至还请授课老师为力学所的听课学生出题考试；当力学所与清华大学合办的"工程力学班"开课后，她让塑性组全体年轻人去旁听钱伟长讲授的弹性力学和计算数学；还请本组的高级研究人员黄茂光指导工科专业的年轻人学习弹性力学，并指定了较易入门的铁木辛科（Timoshenko）论著《弹性力学》（英文版）为主教材，以更为深入的拉夫（Love）论著《弹性力学数学理论》为参考书，同时选了几本英文教材《固体的变形和断裂理论》（作者A.Nadai）、《塑性力学数学理论》（作者R.Hill）和《工程师用塑性理论初步》（作者O.Hoffman & G.Sacks）作为自学入门书。她还亲自制订计划，让年轻人一边通过"自学—报告—讨论"的方式对塑性力学基本理论进行集体学习，一边为每个刚入所的年轻人指定一名导师，针对学生具体情况进行个别辅导。当时，李敏华就是按照研究生的要求来培养这些大学毕业生的。

另外，她十分重视对查阅文献和从事实验能力的培养，言传身教刚刚

---

① 柳春图访谈，2012年4月9日，北京。资料存于采集工程数据库。

图 6-2　力学所创建初期李敏华在办公室工作情景

进入工作岗位的年轻大学毕业生怎样结合工作选择文献、掌握要点、运用数据甚至获取启示，亲自带领年轻人开展试验工作，并耐心讲解如何观察实验现象、做出正确结论。例如，在建设高速旋转盘实验室时，李敏华安排王礼立进行调研工作，要求他了解转速达 10 万转/分的高速轴承和动态应变测试技术以及试验安全防护等问题，并亲自带着王礼立去北京航空学院、机械工业部联系测量手段和试验装备的研制问题，最终指导王礼立完成了高速旋转盘实验台的设计、加工和安装，从而使年轻人得到了全面锻炼。李敏华总是利用各种可能的机会来培养和锻炼青年学子，像这样的例子比比皆是。又如，她去工程力学班给研究生讲授塑性应力应变关系时，让王礼立跟着去上课并做一些辅助性工作；她组织 1957 年的第一届中国力学大会时，让塑性组的年轻人参加会务工作，使他们既旁听了学术报告又认识了知名力学家；在担任中国力学学会副秘书长后（力学学会挂靠在力学所，由她负责处理各种日常事务），她让王礼立做学会秘书列席理事会，负责讨论记录和会议纪要，使他结识了各位理事并获得了学习议事的机会；她去中国科大力学系给本科生讲授塑性力学时，让李旭昌做辅导教师，还让刘正常代讲部分课程并代替她给学生编制期中考试的题目[①]。当然，在建所伊始的一年多里，整个力学所的学术气氛也很活跃、浓烈和自由，当时国家的大背景是"向科学进军"，不仅增加了"化学流体""物理力学"两个研究组，所里还经常组织大型学术活动，像由钱学森讲控制论、由许国志讲运筹学等[②]。另外，当时力学所还有所谓的茶

---

① 刘正常访谈，2011 年 7 月 28 日，北京。资料存于采集工程数据库。
② 郑哲敏访谈，2012 年 7 月 19 日，北京。存地同上。

话会活动。就是所有的高级研究人员们在星期三下午在一起讨论工作，研究实习员和研究生都可以参加但坐在后排。每次讨论涉及许多内容，像流体的、固体的、物理的各种问题，中心发言人论述的主题十分广泛，如钱学森发言为"熵和热力学第二定律"，林鸿荪发言为"语言的机器翻译问题"等。对于年轻人来说，这些议题有的是本行，有的不是本行，但不管是否与自己的研究有直接的关系，年轻人听了都很受启发，对拓宽视野、活跃思路起到了很好的作用。当时开会的气氛也很活跃，备有糖果、茶点等，都是高级研究人员们用他们的稿费购买的，各色糖果、茶点在与会者面前传递。正是在这样的学术氛围中，塑性组的一批年轻学子很快成长起来。

　　指导研究生也是李敏华培养塑性力学人才的一条重要途径。1956年底，李敏华招收了研究生范元勋。由于原来单位的本位主义作祟，范元勋来所报到已经是第二年的2月份了，但与李敏华一见面，范元勋的紧张情绪就全然消散了。到力学所的第一个晚上，范元勋和塑性组的其他3名研究生在办公室里看书，但是四张桌子上只有三个台灯。正好李敏华晚上到办公室有事，顺便来看看学生，她看到这个情景就说："怎么少一个台灯啊？把我的拿来。"对学生的关怀，是李敏华一贯的做法。当时学生们都是单身汉，礼拜六或是晚上经常不回家而留在办公室里看书，她见到了就对学生说："跟我去打个牙祭吧！"到了饭馆以后则说"你们随便点。"课题组出去办事时，也都是她请客。甚至在范元勋因随爱人下放离开力学所后，他和李敏华仍保持着密切的师生关系。他每次回北京探亲，都要到李敏华家里去探访。当时属于"困难时期"，购买许多生活物品都是要票证的，每次回京探望李敏华时，范元勋总会带点西北出的小米、枸杞之类的土特产，以表示对师长的记挂。但是，李敏华看后就说："你们还给我带这些东西？你们也很困难的。"结果，她反而把自己省下来的肉票、发给高级研究人员的营养粉等给了范元勋。60年后，范元勋对此依然记忆在心。当然，生活上的关怀，只是李敏华作为导师的一个小小侧面，她还利用各种机会为学生介绍很多有名的老师。例如，范元勋的工作后来偏向于结构问题研究，她就介绍了清华大学的杨式德教授。对于一般的学生而言，是很不容易见到这些名人的。

不过，对于研究生在学习上的严格要求，更是李敏华刻意注重的。她对自己的学生有时还会"加码"提出一些"额外"的要求。当时力学所的研究生制度规定了每个礼拜五必须要给导师汇报学习进展等事情，不过李敏华告诉她的学生说"其他时间有事情，随时可以去找我。"每到礼拜五上午，李敏华总要问范元勋："看什么书了？有什么进展啊？有什么想法啦？给你布置的东西看了没有啊？"她还帮助他选择当时一些新的书籍，并多次强调"一定要把基础打好了"。同时，李敏华也十分重视训练学生的实验能力，她要求范元勋开展光塑性的研究。当时在中国，光弹性都是很时髦的，而光塑性就更新颖了，它是采用氯化银结晶做成的板子来实验，可以模拟塑性的范围、塑性的发展等。这些实验都得在晚上进行，要两人值班察看氯化银结晶的情况。这表明，李敏华在任何时候都是选择进行带有开创性的工作。给范元勋留下深刻印象的还有一件事，有一次李敏华问他："你对'张量'熟悉不熟悉？"当时国内有一些像茅以升那一代的老教授对于"张量"还有一点"反感"，他们的说法是：现在的数学已经够用了，还需要什么"张量"？但是李敏华到底是在国外待了很长时间，对学科的发展相当有远见，她感觉"张量"以后可能很有用处，就对范元勋说："你一定要把这方面补一补，把这个基础搞好。没有这个基础，你将来看一些新的书都有困难。"她还特地介绍了几本参考书，范元勋仔细阅读了那些书的每个章节，而且还写了一本笔记，从而得到李敏华的夸奖。正因为在读研期间打下了扎实的基础，范元勋后来在水电部长期从事应力分析工作，在研究隧洞开挖、过水洞工程、坝基滑动以及渗流场等方面都做出了卓有成效的工作。2012年9月，范元勋在接受采访时感慨道："后来我做应力分析的时候才知道，不懂得'张量'这概念，有些东西是根本看不懂的。现在看来，李先生预先都给我们想好了！"[1] 这种对于导师的敬重、感恩之情是塑性组年轻学子的共同体验，正如王礼立著文称李敏华为"开门恩师"那样。

---

[1] 范元勋访谈，2012年8月28日，北京。资料存于采集工程数据库。

对于塑性组的所有研究生，李敏华还编制了《力学研究所塑性力学组研究生学习计划暂行标准（1956年3月）》，以对研究生进行有效管理。从下面的表中可以看出，李敏华特别重视对研究生理论基础的学习与科研工作能力的培养，作为塑性力学的研究生甚至还要学习250小时的流体力学课程，确实是十分全面而严格的训练。

表1　力学研究所塑性力学组研究生学习计划暂行标准（1956年3月）

学　年	1		2		3		4		总计
阶　段	1	2	3	4	5	6	7	8	
一、理论准备	975	975	775	575	200			900	3500
1. 哲学	125	125	125	125					500
2. 外国语	200	100	200	200					700
俄语	200	100							300
英语或德语			200	200					400
3. 数学物理方法	300	200							500
4. 弹性力学	250	250							500
5. 塑性力学		200	200						400
6. 流体力学			250	250					500
7. 专门课（固体物理学）					200				200
8. 实验方法	100	100							200
二、科学研究工作			200	400	700	900	900	900	4000
1. 学位论文工作					300	900	900	900	3000
2. 其他研究工作			200	400	400				1000
三、参观或学习					100		100		200
总　计	975	975	975	975	1000	900	1000	900	7700

注：表中数字为学习时数，每半年中80—90小时大致和每周半天相当；另补修大学课程由导师根据研究生具体情况斟酌决定，本表不列。

介入"上天"任务

回国以后的两年多时间里，李敏华客居异国、寄人篱下的心态一扫而光，当家做主人的感觉油然而生。她不仅在出成果、出人才方面硕果累累，而且在组织学会活动等其他方面也十分活跃。这和1956年开始的"向科学进军"的社会大背景有关，整个研究所的气氛是宽松的、欣欣向上的。1956年，力学所的高级研究人员们除了做好自己手头的研究工作外，还要参加《十二年科学技术远景发展规划》中本学科规划的编制工作，也常常到科学院里去听取中央领导的各种政治报告。到了1957年，由于获奖，李敏华的"名气"更大了：中央电影纪录片厂拍摄的《女科学家》里，有她的镜头；参加在莫斯科举行的第六届世界青年与学生和平友谊联欢的中国青年代表团的名单里，有她的名字；中国妇女第三次全国代表大会的会场上，有她的身影；她还被选为第三届全国妇联执委。尽管1957年下半年的"反右"运动对研究人员的思想产生了相当大的压力，但总体上讲，在科学院、在力学所从事自然科学的老专家基本都得到了保护。这是由于当时的院党组书记张劲夫实事求是地向毛泽东主席进言，促成中共中央发出了《关于自然科学方面反右派斗争的指示》。文件中专门规定：对在1954年日内瓦会议后争取回国的一批科学家，不列入政治排队。李敏华属于具有突出成就的自然科学家，是张劲夫所谓的"物以稀为贵的国宝级"人物，因而在"反右"运动中没有受到冲击。但是，进入1958年以后，在"大跃进"形势下，在群众务虚基础上，力学所领导讨论确定了今后的四大发展方向，即所谓的"上天、入地、下海、为工农业生产服务"，并改变原有的研究组建制而依照这四项中心任务组建四个研究室[①]。这样，塑性力学研究组和力学所的其他五个研究组一样被解散了。

塑性力学研究组解散后，其成员被安置到不同的研究室中，其所有的

---

① 力学所文书档案 A011-20。存于中国科学院力学所档案室。

实验设备被归到从事"为工农业生产服务"的四室。此时,力学所研究工作的指导模式也变为"任务带学科"。其实,在《十二年科学技术发展远景规划》中已经有"任务带学科"这个提法,但人们可以把"带"理解为"带动",然而在大跃进期间它就变成"代"了:研究人员不再"做研究"而是"搞任务"了。那时,按照毛泽东主席提出的"我们也要搞人造卫星"的号召,中国科学院确立了581任务,开始研制人造卫星。在这个重大项目中,力学所承担了卫星总体设计任务,因而被编为101所(即零四单位一零一所)。鉴此,力学所于1958年8月组建了第一设计院(亦称"1001设计院"或"上天设计院")[1],塑性组的程世祜、林华宝、汤绍源和田千里四人首先被指派参加结构设计工作,不久又从清华大学工程力学班调来了一批学员,随后力学所又加派了杨南生和李敏华二位高级研究人员进入设计院。其中,杨南生担任设计院副院长,李敏华被编入第一设计院的发动机部(代号120部)的涡轮泵组(代号123组),从事"火箭涡轮泵中燃气轮机强度设计"工作。该组成员还有王光根、席葆树、张如一、陈纪鸿、葛伟明、姜伟、刘汝滨等[2]。第一设计院开始在力学所大楼的五楼办公,后来由于保密缘故,整体迁到西苑旅社的10号楼去了(楼下是工作室,楼上是宿舍)。那时的任务是在不到一个月的时间里,设计并绘制出T-3高能液体燃料运载火箭总图,所以研究人员不分白天黑夜地加班工作。1958年,李敏华已经过了40岁,除了她,涡轮泵组内只有姜伟一个女同志。于是,她要求和姜伟住一个房间,她们同吃、同住,还一块儿搞设计,每天都过着军事化生活。每天早上都要进行的军训对她们尤为困难:早上一吹哨,五分钟内必须到操场集合,不能迟到,接着还要做操、跑步。幸亏李敏华从家里拿来一个从国外带回来的小闹钟,她们就提前10分钟起床、梳洗并穿好衣服坐在那里,等到一吹哨,赶紧跑出去。那时,李敏华晚上不能回家,两个十来岁的孩子都留给吴仲华一个人照顾,只有星期天她才能回来看看。但是李敏华没有任何怨言,没有任何架子,一直和大家一样,全心全意地投入工作。在大约两个月左右的时间

---

[1] 力学所文书档案 A011-21。存于中国科学院力学所档案室。
[2] 力学所文书档案 A011-24,1983-03-021。存于中国科学院力学所档案室。

里，她的精神始终和年轻人一样饱满[①]。

1958年11月，设计院南迁到上海，改称上海机电设计院，由力学所和上海市共管，李敏华虽然留在北京，但依然关心设计院的工作。1960年，上海机电设计院划归中国科学院新技术局和上海市共管，领导关系便脱离了力学所。杨南生、林华宝等人留在了上海机电设计院，以后他们又随体制调整并入国防部五院（航天部前身）。这些都是力学所塑性组对我国航天事业的一种贡献，而对李敏华的个人生涯而言，这也可以算作是她回国后第一次经历的群众运动洗礼。

主持十二室工作

1959年6月，钱学森向中国科学院党组提出了《关于在中国科学院配合国防需要开展火箭技术探索性研究的意见》，科学院党组据此制定了"1960—1967年发展探空技术和喷气技术的方案"，同时在全院范围内进行机构调整。钱学森、郭永怀在认真总结前一段工作的经验教训后，对力学所的发展方向亦进行了重新规划。他们明确提出力学所在未来几年的基本任务与发展方向是：配合国防尖端科学技术部门工作，解决这些部门提出的有关研究课题，积极开展喷气技术和星际航行技术中有关力学问题的研究。按照科学院的部署，力学所成立了二部，主要从事上述与国防军工事业相关的研究任务。1959年12月，十二室成立，属于力学所二部，其研究方向为高温轻结构，李敏华被任命为十二室业务副主任（当时研究室主任均由党支部书记兼任），这样她的研究与管理工作领域从单纯的塑性力学拓展到整个固体力学。成立时，力学所关于十二室在1960年的工作安排为[②]：筹建高温塑性实验室，建立短期蠕变试验设备与振动蠕变试验设备；筹建热应力实验室，包括建立热源、发展表面温度测量和温度控制技

[①] 姜伟访谈，2012年5月23日。资料存于采集工程数据库。
[②] 力学所文书档案 A011-37，A011-40，A011-153。存于中国科学院力学所档案室。

术；建立一般材料试验室；筹建振动实验室。这样，1959—1960年十二室的研究工作主要围绕航天背景进行，并在李敏华的组织领导下取得了丰硕成果[①]：（1）中程导弹弹头回地防热的实验设备建立与试验。设计与安装了一套火焰加热设备H-1（温度为2000—2500℃，最大燃气速度为2500米/秒），研制了小电弧加热器H3（温度为2500℃，功率为30kW）以及快速加热的短期拉伸试验机H6；（2）完成塑料弹头模拟实验和表面温度测量装置的试制；（3）在弹体结构问题的实验设备建立与试验方面，改装了压弯联合试验机，建立了圆筒壳与板振动实验设备，在加热情况下进行了板振动的自振频率测定试验；（4）开展旋转盘及亚振高温强度分析，改装了已有的JF-5型蠕变加载系统并观测了预热时间对蠕变的影响，进行了非均匀的常温度场下旋转壳体的弹性热应力分析；（5）常温度场下加筋有孔圆板的弯曲计算与试验；（6）采用纸壳作模型试验，提出以内压壳为导弹弹体结构的方案，为设计部门提供了设计方案的理论依据。

下面，以火焰加热设备为例，对李敏华做出的贡献做一具体说明。由于航天器回地时，运载火箭头部重返大气层会遇到高温高速气流的冲刷，其表面必须包覆耐高温的防热材料（如碳纤维复合材料等）。在工程上一般允许防热材料在回地过程中有一定的烧蚀，但烧蚀量要有所控制以保证航天器安全返回地面，所以，需要研制耐烧蚀材料及烧蚀实验装置。当时力学所考虑先研制采用燃烧技术的实验装置。1959年，李敏华接受了对新研制的复合材料试件进行驻点温度超过1000℃的高温实验及筹建燃烧实验装置的任务。作为研究室副主任，她与研究组成员在进行全面调研后，决定采用火箭发动机喷焰对试件进行冲刷加热。由于时间紧迫，不可能研制常规的火箭发动机，她就通过吴仲华在上海加工了一个喷气发动机燃烧室，并提出利用炽体引燃的方式来缩短设计和加工周期。十二室的研究人员就在力学所小食堂旧址上热火朝天地干了起来，李敏华一直亲临现场，有时还与年轻人一起加班到深夜。在不到半年的时间内，便在国内首次实现了驻点温度超过1000℃的高温实验，引起了航天部门的高度重视，并专

---

① 力学所文书档案A011-55，A011-61，A011-76。存于中国科学院力学所档案室。

门组织有关人员参观并进行仿制。此外，1959年，李敏华还提交了三份力学研究所的研究工作报告："高压圆柱形厚壁容器大塑性变形下的简单解法"（合作者汤绍源）[①]、"圆孔薄板在单向拉力下的塑性应变集中"（合作者雪家雄、宣正勇）和"塑性应力集中"（合作者雪家雄、宣正勇）[②]。1960年，由她撰写的专著《硬化材料的轴对称塑性平面应力问题的研究》正式出版。可以看到，李敏华在领导十二室完成各项任务的同时，依然坚持自己在塑性力学领域的研究。

1961年，李敏华被任命为十二室主任，此后经1962年第二次院务常务会议讨论，又被任命为力学研究所所务委员会委员[③]。在这个时期里，国家的经济发展尚处于调整阶段，为了发挥科学院的研究力量为"两弹"服务的作用，中国科学院与二机部及国防部五院成立了两个协作小组，以加强部院协作的领导。1961年5月18日，在钱学森的主持下，国防部五院与中国科学院力学所召开了518会议，确定双方一致本着"统一安排、分工合作、明确责任、保质保量、共同完成任务"的原则，建立全面、长期的协作关系，探索研究与工程之间的接力式合作模式。在这个原则指导下，根据五院的任务要求以及与型号研制直接有关的课题，力学所承担了五大协作任务（即101—105任务）进行探索性的前期研究。其中的103任务"轻结构的强度和稳定性"由十二室承担，研究内容与航天、航空的结构强度密切相关。与103任务相适应，十二室设立了四个课题组：一组为壳体组，由程世祜负责，研究壳体的强度和稳定问题；二组为板结构组，由黄茂光、刘正常负责，研究加筋板的力学问题；三组为夹层板组，由胡海昌、柳春图负责，研究新型的夹层板理论；四组为应力应变关系研究组，由李敏华、柯受全负责，主攻包括高温材料在内的材料应力应变性能。按照高温、轻结构的方向，李敏华领导十二室的研究人员保持与五院协作方密切交流、不断沟通，及时根据工作调整每个年度的研究课题。1961年，十二室承担课题四项，即壳体结构及壳体理论的研究、瞬

---

① 力学所科技档案（编号0126）。存于中国科学院力学所档案室。
② 力学所科技档案（编号0303）。存于中国科学院力学所档案室。
③ 力学所文书档案A011—77。存于中国科学院力学所档案室。

态应力分析和实验研究、夹层结构的稳定性及应力分析研究和短期高温塑性研究，并在"弹头纵向稳定性初步分析""加筋壳的热稳定及热应力的初步研究"及"工字梁热应力的初步研究"等方面取得研究成果，同时建立了壳体实验室、高温结构元件实验室、高温塑性实验室和夹层结构实验室。1962年承担了薄壳稳定的研究、高温元件的瞬态应力及热屈曲研究、蜂窝弹翼在高温下的强度问题研究和高温塑性研究课题。在理论研究方面，提出了一系列工作报告，包括《蜂窝夹层的折合弹性模量》《矩形夹层板的自由扭转》《工字梁热应力计算》《非均匀材料性能工字梁的塑性弯曲》《四边简支矩形加筋板的受热分析》《四边固支矩形加筋板的受热变形》《四边固支矩形加筋板的受热超临界变形》以及《各向同性夹层板反对称小挠度的若干问题》等；在实验研究方面，开展了快速加热加载试验和厚度0.05—1.00mm金属薄板弹性模数测定方法等工作。由于研究室人员的共同努力，103任务不断推进，一系列与轻结构在高温条件下性能的研究结果为航天部门的型号研制提供了理论依据。例如：内压圆柱壳体的稳定性、短圆柱加筋壳和受热圆柱曲板在轴压下的稳定性、梁在受热受力条件下的塑性弯曲、四边固支/简支矩形加筋板的受热变形、蜂窝夹层的剪切模量以及短时加热、加载高温材料拉伸试验机的研制等。这些成绩的取得和李敏华对于十二室的全面领导是紧密相关的。

至于李敏华本人的研究工作，在1965年前后，她仍然承续前期的工作基础，具体领导十二室四组，承担国防部五院的协作课题"加筋板热变形"[1]。在承担103任务期间，李敏华及其研究团队完成了一系列工作报告或论文，包括：1961年提交研究报告《工字梁在弯矩和热应力作用下的塑性弯曲》(合作者李旭昌、周允芬)，1962年完成研究报告《非均匀材料性能工字梁在大应变情况下的塑性弯曲》(合作者李旭昌、周允芬)[2]，1964年完成研究报告《非均匀材料性能梁的塑性弯曲》(合作者李旭昌、周允芬)并在1964年航空学会成立大会上宣读，1964年完成研究报告《梁在受

---

[1] 力学所文书档案A011-113。存于中国科学院力学所档案室。

[2] 力学所科技档案（编号0132）。存于中国科学院力学所档案室。

热受力下的弹塑性弯曲》（合作者李旭昌、周允芬、卢锡年）[1]，1964年完成论文《叶轮各点同时到达材料许用应力的设计方法》（合作者李旭昌），并在大连举行的极限设计和塑性力学学术会议上宣读，1965年提交研究报告《非均匀温度梁的弹塑性弯曲》（合作者李旭昌、卢锡年），1965年提交研究报告《梁在受热受力下的弹塑性弯曲》（合作者李旭昌，卢锡年）[2]。

另外，还需提到的是，李敏华对瞬时加热加载的研究一直很重视，并亲自主持和指导相关工作，在她负责的四组里专门有个十几人的"151组"从事瞬时加热加载的理论计算（负责人刘正常）和实验研究（负责人柯受全），最终在十二室建成了由材料试验机（包括恒速加载机构和拉力夹具等）、加热系统（包括加热、控温和测温等）以及载荷变形记录系统三大部分构成的一个大型试验装置，可以进行高温快速拉伸和短时蠕变实验，以为高速飞机与飞航导弹等轻结构的设计提供依据。李敏华与151组内的科研人员一起调研几种可能的加热方法后确定了方案，以确保得到试件试验段的瞬时均匀温度，她还派出技术人员去自动化所学习电子测量技术，并提出了应变测量方法。历时四年时间，151组终于在国内首次研制成功了瞬时加热加载装置，并对一系列材料进行了短时拉伸、短时蠕变、恒载等加热率实验。十二室151组因此还被评为力学所的先进集体。当时我国的航空航天部门对这样的设备非常重视，七机部703所经常派人和151课题组切磋技艺、交流经验，三机部有关研究所已经加工完成米格飞机尾翼的1/4模型，就在准备起运到十二室时"文化大革命"爆发了，在瞬时加热加载设备上的模型试验工作因此搁置下来[3]。

由于多方面原因，103任务于1964年大体结束，正值国家号召科研人员"下楼出院"走向生产第一线的时机。在这一背景下，十二室完成了几项民用科研任务。其一是1964年7—10月完成的东方红A架模型试验。A架是国产第一艘"东风号"万吨巨轮的主发动机支架，由于该结构产生了原因不明的变形，致使发动机不能按时装船。十二室的田千里等人接受任

---

[1] 力学所科技档案文档（编号0131）。存于中国科学院力学所档案室。

[2] 同[1]。

[3] 栗彦访谈，2012年5月30日，北京。资料存于采集工程数据库。

务后，通过现场调研、集中讨论，决定采用模型试验的方法解决问题，历时三个月，在 6 个模型上进行了 120 次试验，最后给出了机架在设计载荷作用下具有足够强度、可以安装使用的结论。另一项任务是"公称容量五万立方米浮顶油罐的各部结构计算及应力分析"。为了保证这个当时最大储油容器的油罐设计的先进性和可靠性，十二室在胡海昌、柳春图的主持下采用了力学分析、数值模拟和实验研究相结合的方式，最终提出了一套单盘浮船式浮顶油罐的结构计算方法和公式，并针对底板、罐壁、抗风圈及浮顶四大部件进行了实际的受力分析计算，给出了构造尺寸、位置等设计参数，还通过在两万立方米油罐上进行的实测检验。此外，十二室接受的"援越 75 吨/时锅炉空气预热器消振"任务也是具有国际影响的工作，在钱学森的建议下，由十二室的张强星负责并与哈尔滨锅炉厂的技术人员合作，通过现场测试、分析、试验，圆满地完成了消振任务。1964 年，十二室的胡海昌、柯受全、李家驹等人还分别接受了中国民航科研所、解放军总字 922 部队的委托任务，先后完成了安 –2 与伊尔 –16 飞机疲劳剩余寿命鉴定和 62 机（即歼 –7）结构强度研究（包括蜂窝锥内力与稳定性问题、蜂窝夹层板力学性质、旋转面单层曲板与三角翼模型热应力计算等）。十二室已形成了一支能征善战的研究队伍，这与李敏华的领导紧密相关。

1959—1964 年，在李敏华的主持下，十二室从零逐步成长为规模为百人量级的大研究室，为我国的国民经济和国防安全做出了重要贡献。它与另外两个大体同样规模的研究室——二室（学科方向为爆炸力学）和十一室（学科方向为气动力学）一起构成了力学所学科领域的三个支柱。这是李敏华在科研管理方面的重要贡献。

经历调整和动荡

1964 年后，李敏华不再担任十二室主任。从 1965 年开始，力学所的研究人员被卷入了一个又一个的政治运动中：社会主义教育运动、四清运动和"文化大革命"。李敏华当然也不例外，1965年2月，她参加了力学研究所开展的"兴无灭资"社会主义教育运动，还代表高研组向四清工作队反映有关情况与意见；1965年8—12月，她随着力学所编队到山西永济卿头公社参加了农村的四清社教工作；1966年5月爆发"文化大革命"以后，她因"特嫌"等问题被"革命群众"隔离审查和批判。在审查期间，李敏华只能坐在走廊里，除了写检查、受批判，还要被安排去劳动（如扫厕所、筛沙子等）[①]。因此，有六七年时间，李敏华没有任何科技产出。而她倾心五年多建设的力学所十二室，因为中国科学院承担研制地对超低空导弹（541任务）和第一颗人造卫星（651任务）两项任务，在1965年7月和1966年1月先后被抽调走了一大批研究骨干，包括程世祜、胡海昌、眭璞如、刘正常、柯受全等。当时力学所是这两个项目的总体单位，为此全所重新调整机构、组织队伍，在新成立的从事541任务和651任务的研究室中，从十二室抽调出来的这批骨干成为结构设计与装备研制的主力，"文化大革命"开始前后他们又因体制调整而离开了力学所。因此，到1966年夏秋时，十二室的研究队伍已经支离破碎，只有李敏华原来所负责的四组（应力应变关系研究组）尚大体完整。1968年1月，力学所开始由国防科委代管，包括十二室在内的整个力学所一直处于体制变动的不稳定状态。更令人啼笑皆非的是，尽管在1970年7月力学所已经结束了"军事管制"状态并且回归到中国科学院建制，但是在1970—1973年这段时间里，力学所的研究室是按照"班排连"建制组成的，原十二室被编在六连里。1969年，中苏边境的"珍宝岛"事件发生后，中共中央发布了"8·28"命令，北京等大中城市进行了战备动员并开始大规模修建地下防空工事，力学所还组建了"施工连"挖防空洞，李敏华于1970年5—7月参加了施工连的劳动。接着，她又随六连的小分队一起下放劳动四个月。当时的小分队也是按照部队编制，设有指导员、副指导员和队长，这个小分队被安排到位于建国门外的北京起重机厂劳动，大家都要住在厂里，只能周末回家。李敏华其时已经50多岁，也要辛辛苦苦地

---

① 薛以年访谈，2011年6月22日，北京。资料存于采集工程数据库。

每周在中关村和建国门外之间往返,全是自己乘公交车前往。但是,她毫无怨言,坚持和大家同吃同住,十分的吃苦耐劳。小分队到车间后,才知道起重机厂在生产三七高炮(一种双管高炮)。当然,力学所来劳动的研究人员只是做杂工的,就是帮助工厂里的正式工人搬运东西。李敏华一直跟着大家在车间里干活,使同志们感动的是,她到车间后曾对时任副指导员的李禾说[①]:炮要打得远一点、打得准一点,炮膛要改进。原来她在劳动改造过程中,仍然在动脑子,从技术革新的角度来思考问题。这就是一个爱国科学家的本色,他们即使在逆境中也不忘为祖国和民族的强盛而献身出力。

  1972年,力学所下放北京市科技局,改称"北京力学研究所",在当时"抓革命、促生产"的形势下,科研工作逐步恢复,研究室建制也恢复了。十二室的研究人员结合工程实际开展了多项工作并取得了很好的成绩。例如,他们在平顶山电厂30万千瓦汽轮机转子运行中的轴系振型和动应力分析、山西娘子关10万千瓦电厂预热器振动的解决以及胜利炼油厂无焰燃烧炉驻波振荡与噪声处理等方面开展了结构振动问题研究;并与320厂建立了长期合作协议,以强5型军机为背景开展加筋、夹层板壳的稳定性、强度、振动特性方面的全面性研究;他们及时跟踪国际前沿,开拓了断裂力学的理论与实验研究,并结合断裂力学的工程应用研究,进行了姚孟电厂30万千瓦汽轮机组高中压转子大轴、燕山石化总厂乙烯球形贮藏罐和吴泾电厂12.5万千瓦汽轮机焊接转子的安全性评定等工作。经历了"文化大革命"的李敏华同样迅速地投入到研究工作中。1973年1月,在《力学学报》等学术刊物尚未复刊的情况下,力学所油印出版发行了《力学情报》,在第一期就刊登了李敏华撰写的文章《板壳的蠕变屈曲、热屈曲和热变形》。1973年,我国援外的歼击机发动机涡轮轴发生了断轴事故,在得知这是一项关系我国国防建设和援外工作的紧急任务后,李敏华义不容辞地参与了"歼6航空燃气轮机涡轮轴故障分析"研究任务[②]。在1975年的故障分析会议后,她承担

[①] 李禾访谈,2012年4月10日,北京。资料存于采集工程数据库。
[②] 力学所文书文档1983-03-021。存于中国科学院力学所档案室。

了"发动机涡轮轴在扭矩作用下的应力分析"课题。这种轴的外形极为复杂，断轴的疲劳源在圆角小凹槽处（半径小于半毫米），此处为高度应力集中区，需要进行非常细致的应力分析。为此，李敏华提出了一种新解法，她采用曲线坐标，为了精确地得到小凹槽处任意点的应力值，他们取应力函数作为基本未知量，取轮轴的内外壁曲线（因为它们是等应力函数线）或其他接近等应力函数线的曲线组作为一组坐标曲线。在这样的曲线坐标系中，对于变截面圆轴的扭转问题，他们首先得到了以剪应力向量的散度和旋度表达的平衡和协调方程的新表达式，再利用向量的散度和旋度是不变量的特点，得到了任意正交曲线坐标系中的方程，这些方程和以剪应力向量的散度和旋度表达的方程在当时国内外文献中是没有的。然后，他们采用差分法对在任意正交曲线坐标系的、以应力函数表达的协调方程求解，即通过数值计算得到了全轴的等应力函数线和剪切应力分布，还给出了小凹槽边任意点的应力。为了验证这种涡轮轴扭转问题新解法的可靠性，他们还计算了有解析解的空心锥轴，并与相应的解析解进行了比较，计算结果和解析解的差别小于1.2%；此外，还与光弹实验结果做了比较，二者也比较接近。他们提出的新解法和通用程序收敛性好，应用方便，所需计算机的储存量小，提高了差分法的适用性和灵活性，从而圆满地完成了任务。在《发动机涡轮轴在扭矩作用下的应力分析》报告中，他们还具体给出了几种不同的小凹槽圆角半径对应力分布的影响。李敏华课题组完成的工作得到了工程部门的首肯，三机部有关部门专门来信对涡轮轴分析工作进行了评价："对比有限元、光弹实验及涡轮轴疲劳试验的结果，该计算结果是比较准确的……该计算可按强度分析需要校核轴外表面任意点处的强度，是它优于有限元法的主要特点。这正是当初故障研究所需。"因此，该研究成果得到了1978年中国科学院重大成果奖。而且，特别要提出的是，当时，力学所研究人员要到位于马神庙的北京市计算中心去算题，公共交通很不方便，都是骑自行车往返。尽管李敏华那时已将近60岁了，但她仍然坚持亲手推导方程，甚至亲自上机做计算。对于李敏华而言，从中关村出发大约要花一个小时的时间才能骑到目的地。有一次，李敏华和组里的韩子健、室里的徐纪林三人一起骑自行车去计算中心，两位中青年在前面骑着，把在后面跟着的李敏华忘了。徐纪林一直想阻拦李敏华骑自行车去计算中心，他对李敏华说："李先生，您那么大岁数了，不要骑自行车去了。"李敏华竟然跟她"发火"了。而且，那时候排上机时不容易，加之当时计算机速度不像现在这么快，一般在计算机上做题目是要打通宵的，常常要到凌晨才能回来，这对于年近花甲的李敏华是何等的不容易。有时候，李敏华甚至自己一个人骑车去上机。力学所十四室的吴中祥这样回忆：

  一天晚上，我去那里准备上机，却见到李敏华先生也在那里准备上机，她还带了饭盒装着的晚餐。我向她问好后，她还要分晚餐请我吃。我谢过她以后问道："您怎么一人这么晚到这么远来工作啊？"她说："他们都在忙着，我想到点事要自己先算算。"我深为她这种认真、深入实践的精神所感动，并一直激励着自己。

当时我国的计算机还很落后，不仅容量非常低，而且得用纸带打孔输入程序，十二室里只有少数人去做计算工作，李敏华就是其中之一。那时候，程序编好之后，人们一般是请程序员将程序打在纸带上再去进行计算，但如果调试过程中发现程序有错，就需要自己进行处理：先要在纸带需要校正的那一部分粘上透明胶带纸，再用专用工具在需要改的地方重新穿孔。李敏华不顾自己年纪，总是亲自去做，自己拿个工具穿孔来改程序[1]。更令人钦佩的是，在此期间，李敏华的小儿子吴定罹患白血病并于1976年5月去世，爱子的失却都没有阻止她对工作的关注。李敏华的助手任孝安曾回忆道[2]：

  那个时候我记得很清楚，吴定住在医院里，李先生每天要去看他，但是她当时还是在工作。我就在想：李先生怎么还能工作呢？

---

[1] 申仲翰访谈，2011年7月5日，北京。资料存于采集工程数据库。
[2] 任孝安访谈，2012年8月7日，北京。存地同上。

图6-3 李敏华率团出访罗马尼亚

李先生跟我说：脑子里有一个"开关"，该工作了就拨到"工作"，到时间要去医院了，就拨到"看儿子"。而且，在最后阶段，吴定很孤独的，他很希望李先生能够多去看看他，但是李先生为了工作没能这样。李先生事后也很后悔地跟我说过，她也觉得很对不起吴定这个孩子。

这的确是一种难能可贵的忘我精神，是对事业的责任感在支撑着她，正如李敏华在总结中写到的那样：

> 在这项工作的进程中，由于看到了任务的重要性，因此参加工作的同志都不怕困难，努力解决研究工作中出现的各种问题。

在"文化大革命"的后半段期间，力学所逐渐恢复了国际学术交流活动。1972年，美国总统尼克松访华以后，一批批美籍华裔科学家开始相继回国访问。1973年6月，由冯元桢、赵继昌、徐皆苏、田长霖、项武义、葛守仁、王幼贞、林燧八位知名科学家组成的美籍华裔科学家代表团（团长冯元桢，副团长田长霖）偕夫人和子女共24人自费回国参观访问并进行学术交流。力学所作为学术接待组成员单位，参与安排来宾的学术活动，李敏华作为冯元桢等人的同行和旧交，高兴地接待客人并认真介绍十二室的各项研究进展。随着国门的逐渐打开，来访的学者越来越多，李敏华积极投入这些学术交流活动。1977年年底，李敏华带队赴罗马尼亚考察固体力学研究工作。同时，她也开始帮助十二室的中青年研究人员联系出国进修访问的事宜，并先后多次给在美国的同行写信，在她的办公室里至今还保存着当年她写给美国麻省理工学院卞学璜教授、美国加州大学洛杉矶分校的林同骅教授以及其他教授的信函，这其中大多数都是联系派遣访问学者的。李敏华倾尽身心迎接科学春天的到来。

第七章
中国科大

1958年春,力学所确定了新形势下的研究方向是"上天、入地、下海,为工农业生产服务"后,钱学森所长认为:首先必须办一个学校来培养符合力学所研究工作需要的学生,不能只靠研究所里刚回国的几位专家。于是,他向郭沫若院长建议成立星际航行学院。当中国科学院召开院务会议讨论力学所成立星际航行学院的提议时,许多研究所的负责人都表达了急需青年人才的强烈愿望,于是科学院决定建立一所多学科的新型大学。5月9日,中国科学院党组书记张劲夫向聂荣臻副总理等呈交请示,建议由中国科学院试办一所大学,主要培养当前世界上最新的尖端学科的科学研究工作干部,由教育部和中国科学院双重领导。6月2日,邓小平代表中央书记处同意成立中国科学技术大学。随即,郭沫若院长主持召开学校筹备委员第一次会议,通过了建校方案和1958年招生简章,明确设立12个系,其中包括力学和力学工程系。力学系创建时设有四个专业:高速空气动力学、高温固体力学、岩石力学及土力学和化学流体力学。中国科大的办学方针是"全院办校,所系结合",因此力学所一直把科大力学系的教学工作作为一项重要的业务内容。在中央正式批复下达之前,1958年5月18日,钱学森在主持力学所第十七次所务会议上,确定了所内学科规划及中国科学技术大学力学系相应专业教学工作的分工。其中,指定李敏华负责塑性力学（所内学科）和高温固体力学（二专业）的相关工作。这样，她便开始了中国科学技术大学力学系二专业的创建工作。

创建高温固体力学的教学体系

关于中国科学技术大学力学系的高温固体力学专业，在中国科大招生的专业介绍中是这样阐述的：

> 在目前的火箭技术、动力机械中遇到不少固体在高温情况下的强度问题，这些问题的实际意义从下面的一些事实上可以看出来。近代的动力机械为了提高效率总是向高温、高压的方向发展。大家都知道，对于具有同样质量比的火箭，喷气速度愈大，火箭获得的最后速度也愈大，而提高喷气速度的问题又联系到如何提高发动机里面的燃烧温度、固体在高温情况下的应变、反复载荷下的疲劳断裂等现象，与常温情况下均有所不同。这些现象也不能用一般的固体力学的规律来描述，因此，我们必须发展高温固体力学。由于这些现象相当复杂，目前还处于积累实验、搜集数据的阶段，基本规律的掌握还有待进一步的发展。

显然，这是一个崭新的专业设置，当时不仅国内的院校没有，在国外的大学也难以找到，一切都要从头做起，而且时间十分紧迫，因为中国科大在当年9月就要开学上课。1958年5月18日，在力学所第十四次所务会议上，钱学森要求李敏华负责高温固体力学专业的规划，包括二专业的培养目标、专业基础理论课、技术基础课和专业课的设置比重及具体内容、专业课的教学大纲（或教学要点）以及讲授方式、应建立的实验设备等[①]，这无疑对李敏华是一个挑战。开始建校时，中国科大处于"边筹备

---

① 力学所文书档案 A011-29。存于中国科学院力学所档案室。

图 7-1 李敏华与中国科技大学近代力学系部分学生合影

边运行"的状态,因而没有正式的任命书,但她实质上承担着高温固体力学专业教研室主任的职责。尽管到 1962 年,中国科大才正式建立专业教研室并开始组建自己的专职教师队伍,李敏华被任命为教研室主任,并于第二年才收到中国科学技术大学郭沫若校长签署的聘请其担任近代力学系教授的聘书,但是,从 1958 年 5 月接受钱学森的安排后,她就亲力亲为并组织力学所十二室的有关人员参与了一系列的筹划工作。1961 年 9 月,中国科大第一届学生(1958 级)开始学习专业课时,李敏华已经周到、细致地安排好了高温固体力学专业所有专业课的教学计划,还组织动员力学所十二室的三位高级研究员黄茂光、程世祜和胡海昌(李敏华与三人被戏称为"四大金刚")编写讲义、亲授课程。1963—1964 年,时值中国科大力学系第一届和第二届学生做毕业论文时,她又全面组织十二室所有高中级研究人员参加毕业论文的选题设计和指导工作。此外，李敏华本人还亲自完成《塑性力学讲义》的编撰，这是第一部适合于高等教育的塑性力学教科书。同学科建设中在中国开拓塑性力学新领域一样，在高等教育领域，李敏华在中国开创了一种全新的固体力学教学体系。这是她回国后对中国近代力学事业的又一贡献。

在李敏华的具体领导与组织下，高温固体力学专业作为中国高校里的第一个新兴学科专业建立起来了，从下面给出的中国科大近代力学系高温固体力学专业的教学计划表（表2、表3）可以看到这个教学体系的一些特点[①]。它们分别用于1958级（第一届学生）和1959级（第二届学生）学生，尽管在课程、课时和主讲教师等细节上有些变化，但都体现了李敏华在创建这个新兴专业教学体系的基本思路：一是重视给学生打好坚实基础。高等数学和普通物理不仅安排课时很多而且授课教师层次很高；对外语亦有严格的要求而且要求学习第二外语；把普通化学设置为必修的基础课。这样，可以使得力学系学生具备宽广且扎实的基础知识，以便进入工作阶段后迅速适应各领域的需求。二是强调理工结合的专业培训。力学系专业基础课的设置既顾及培养理科学生的需求，又考虑培养工科学生的需求；对电工电子学和计算技术两个方面均有相当重的课时安排，甚至要求固体力学专业的学生学习75学时的空气动力学。这些安排显然与高温固体力学的学科背景密切关联。三是具有鲜明的新颖性和前沿性。力学系专业课包括塑性力学、杆与杆系、薄壳理论等课程，这在一般的高校（包括清华、北大）均没有设置，也没有现成的教科书。因此，这些课程全部由李敏华组织力学所十二室的高级研究人员来讲授课程和编写讲义。四是设置了几门专题课。李敏华将夹层板结构、高温塑性力学以及热应力设置为三个专题课（开始还设有壳专题），这更是二专业教学体系的独具特色的亮点。当然，还有一点需要提及的是，李敏华秉承美国麻省理工学院的教学传统和教学经验，十分重视实验教学与研究工作，她对中国科大高温固体力学专业的建设也同样要求重视试验。例如，为了配合高温塑性力学的专题课，二专业

---

① 侯建国：《钱学森与中国科学技术大学》。北京：中国科学技术大学出版社，2008年。

专门买了两台蠕变试验机,每台有三个炉子,打地基、凿墙、打洞以及安装设备都是由助教伍小平负责完成的,放置在科大分部一楼的试验室以供教师和学生们使用。这种理念对于后来二专业的发展有着深远的影响,中国科大固体力学专业一直保持着重视实验工作的传统。可以说,李敏华通过创建中国科大近代力学系二专业的实践活动,在中国高等教育的课程设置、教学理念、教材编写等方面建立了一种全新的教学模式。

表2 中国科大近代力学系高温固体力学专业1958级教学计划

课程名称	总学时	主讲教师	1	2	3	4	5	6	7	8	9	10	11
政治	360		3	3	3	3	3	3	3				
体育	120		2	2	2	2							
外语(一)	315		3	3	4	4	4	3					
外语(二)	120								3	3	2		
高等数学等	420	吴文俊 曾肯成	6	6	5	5	6						
普通物理(力、热、电、磁、光、原)	495	严济慈 钱临照	55	55	7	7	8						
普通化学	180	蒋丽金	6	6									
工程画	120	郁志昂	4	4									
工程力学	105	沈志荣				7							
理论力学	90	钟万勰					6						
电工电子学	135	孔祥致					5	4					
机械设计	60	胡华康						4					
计算技术	75	钟津立						5					
固体力学	75	何竹修						5					
板壳理论	60	黄茂光							4				
火箭技术概论	45	钱学森							3				
塑性力学	60	李敏华							4				
实验应力分析	45	沈志荣							3				
数学		薛兴恒 徐燕侯								补			
力学		童秉纲								补			
振动理论	75	沈志荣									5		

续表

课程名称	总学时	主讲教师	上课学期 1	2	3	4	5	6	7	8	9	10	11
测量技术	60	于宪清									4		
杆与杆系	30	胡海昌									2		
薄壳理论	30	程世祜										2	
空气动力学	75	徐燕侯 钱鸣森										5	
夹层板结构专题	45	胡海昌										3	
高温塑性力学专题	45	柯受全										3	
热应力专题	45	黄茂光										3	
壳专题	45	程世祜										3	
生产实习												3	
毕业论文													★

表3　中国科大近代力学系高温固体力学专业1959级教学计划

课程名称	总学时	主讲教师	上课学期 1	2	3	4	5	6	7	8	9	10
政治	360		3	3	3	3	3	3	3			
体育	120		2	2	2	2						
外语（一）	240		5	3	4	2	2					
外语（二）	120									3	3	2
高等数学等	375	许国志等	8	5	6	6						
普通物理（力、热、电、磁、光、原）	510	应崇福 蒋铮等		7	7	7	9	4				
普通化学	135	徐承东	4	5								
机械设计	240		5	3	4	4						
理论力学	75	徐燕侯					5					
电工电子学	150	左凯					4	6				
工程力学	60	沈志荣		★								
火箭技术概论	45	钱学森					3					
弹性力学	75	何竹修						5				
塑性力学	60	李敏华							4			
测量技术	60	魏源瑞							4			

第七章　中国科大　109

续表

课程名称	总学时	主讲教师	上课学期 1	2	3	4	5	6	7	8	9	10
薄板理论	60	黄茂光							4			
实验应力分析	45	杨子久							3			
空气动力学	75	钱鸣森								5		
杆与杆系	30	郑文秀 胡海昌								2		
薄壳理论	30	程世祜								2		
计算技术	75	林进祥									5	
振动学	75	沈志荣									5	
夹层板结构专题	45	胡海昌									3	
高温塑性力学专题	45	柯受全 卢锡年									3	
热应力专题（热弹性）	45	黄茂光									3	
生产实习											★	
毕业论文												★

从1958年建校开始到1966年"文化大革命"爆发，在李敏华主持下建立起来并付诸实践的中国科大近代力学系高温固体力学的教学体系，应当说是一种创举。这个教学体系在中外大学本科的固体力学专业中是未曾见过的，至今50多年过去了，中国科大力学系二专业的老师们仍然怀念并高度评价李敏华。曾经担任李敏华助教的伍小平说[①]：

> 在教学工作方面，李敏华先生设置了专题课。固体力学这一块有三个专题课：一个是高温固体力学，一个是夹层板，一个是热应力。因为"两弹一星"工程要接触高温问题，当时选的这三个专题都是围绕航天的热门课题。李先生的高温固体力学课程就是讲高温下材料的疲劳、蠕变；夹层板这门课由胡海昌负责，夹层板是刚度好、重量轻的新型材料，这在当时也是很新的、很前沿的东西；热应力就是将

---

① 伍小平访谈，2011年8月8日，北京。资料存于采集工程数据库。

弹性力学进一步扩展到热的领域，也和高温环境有关，因为火箭发射时的热应力是很突出的，当时由黄茂光来主持这门课……李敏华等几位先生在讲授专题课时，都是系统地向学生们讲解：这门课的问题是怎么提出的？它的模型怎样建立？怎样建立它的基本方程？一些假设是如何处理的又怎么简化？一直讲到应用于实际中解决什么问题、目前有哪些成果、到了怎样的地步。这一个系列的专题课就把别人研究时怎么走过的路全都勾画了出来，以后学生搞研究工作时就可以以此为起点继续往前走。而且这些课也是"文献阅读"课，因为当时没有教科书，全靠读文献……有些同学，像朱滨他们还到处去收集俄文文献，把它们翻译、油印出来供同学们参考。所以说，这几门专题课对同学们的影响是非常大的。它不在于这几门课所涉及的具体知识，而是通过这样做把学生带到研究工作的入门处，同学们开始知道应该怎么走下去搞研究了。

伍小平一直很怀念这几门专题课，它们对学生的影响很深刻。曾经是

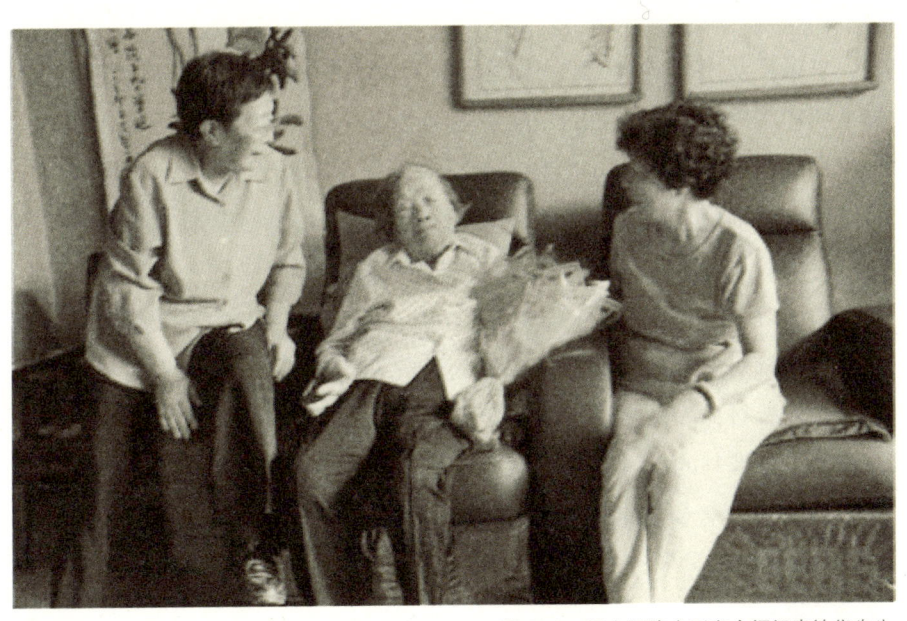

图 7-2　伍小平院士到家中探望李敏华先生

力学系二专业第一届学生的朱滨教授也这样认为[1]：

> 58级二专业的专业基础课程设置包括塑性力学、薄板理论、薄壳理论、杆与杆系，后来还有四个专题课。与当时其他高等学校的力学专业不同，这是很创新的体系，我们当时的教学安排不亚于国外研究生的水平。

的确，朱滨到美国的瑞格斯大学（Ruigers University）进修时发现，他们研究生的课程并不比中国科大高年级课程深。中国科大力学系当时安排的专题课的专业背景是非常强的，一下子就把学生带到科研的前沿第一线，使他们毕业后能很快适应科研工作。这就是科大当时办学的特色，它跟钱学森和李敏华的学术思想密切相关。

独特的专业教材和教学方式

李敏华从1962年开始在中国科大力学系的高温固体力学专业（1963年又增加了爆炸力学专业的学生）连续给第一届和第二届学生分别讲授一个学期的塑性力学课程。当时，在一般的大学本科里是不开这门课程的，所以她亲自编写了《塑性力学讲义》作为教材。尽管在美国NACA工作的时候，李敏华主要是做发动机旋转盘的研究工作，发表了一系列报告和论文，回国后又扩充了相关工作并于1960年出版了一个中文的单册专著《硬化材料的轴对称塑性平面应力问题的研究》。但是，她并没有直接拿这部专著作为教材，而是将旋转盘这个问题作为一个例子在课堂上讲授，整个教材是重新编写的，内容全面又系统。这部教材应当是国内第一部为高等教育的塑性力学专业课所写的教材。其特点是前沿性，与其他的一般教材

---

[1] 朱滨访谈，2012年6月27日，北京。资料存于采集工程数据库。

引用成熟理论为主的做法不尽相同,这部教材以西方学者(包括她本人在美国的研究成果)和苏联学者的科研成果为基本素材,如纳达依理论、依留申理论、卡恰诺夫理论等,在这部讲义里面全都讲到了。这部教材不仅内容丰富深刻,而且编排得当,它从基本观点、基本概念开始,一直讲到材料的屈服准则,再介绍塑性应力—应变关系的四种理论以及它们之间的相互比较、试验验证,然后进入到各个专题,即从硬化材料理想塑性的平面问题一直讲到各种专门问题,如梁的屈曲、柱的屈曲、平面流动和高温蠕变等问题。整本书的结构严谨、逻辑性非常强,至今看来仍不失为有新意、有特色的高等教育专业教材[1]。

  李敏华的教学方式也同样是独特的。所有来听课的学生都对第一次见到李敏华的印象十分深刻:当时李敏华40多岁,进教室时穿着短袖衬衫、呢子长裙以及黑色皮鞋,而且裙子是彩条的,穿着非常得体、非常精致。李先生的出现使同学们眼睛一亮:既漂亮,又庄重。她不是那种张扬的人,上课很有学者风度,讲课的时候总是细声细语,很有亲切感,虽然带有南方人的吴侬口音,但是口齿清晰。同学们都说:听李先生的课在某种程度上是一种享受。有些同学还注意到,她放在讲台上面的除了讲稿、参考书,还有一个小小的时钟。这个时钟显然是用来掌握时间的,从这个细节我们可以感受到李敏华的认真与严谨。此外,为了帮助大家更好地理解和掌握课堂讲授的知识,她甚至在课后专门组织座谈会,给同学们介绍塑性力学的专业特点[2]。

  授课时,李敏华思路很清晰,非常有条理。她一般先介绍综合概况,然后展开细节,特别注重给学生说明一些力学的基本概念,而且对于每一个基本概念,她都要交代它的条件、适用范围和各种理论之间的比较,并常常从各种不同的角度来分析一个问题。弹性力学是塑性力学的基础,对于中国科大力学系二专业的学生,塑性力学课程是安排在弹性力学课程之后,所以李敏华总是将她讲的塑性课程与弹性课程相联系、相比较,让学生们通过这种对比来完成学习的过程,一方面了解新课程所提供的东西跟原来的基础东西之间的关系和区别,另一方面又认识了基础之上新的东西。这样,学生们既

---

[1] 张培强访谈,2012年6月27日,合肥。资料存于采集工程数据库。
[2] 吴用舒访谈,2011年11月21日,北京。存地同上。

加深认识了过去的基础又了解了新学到的知识。所以，大家学起来头脑很清楚，印象也深刻。作为有成就的科学家，李敏华在讲课过程中，还讲述如何治学与开展研究的原则，使学生们在读书阶段就培养起良好的习惯。比如，她告诉学生要注意数量级的检验，任何一个公式最后都要经过数量级的检验。同时，她告诉学生要注意主次之分，一个理论或公式当中往往包含着很多项，可以忽略哪些、为什么可以忽略都需要有根据，要明白任何事情都是复杂的而且一般情况下是不可能考虑所有因素的，必须要抓主要矛盾。许多学生在回忆他们的学习经历时都深情地谈到：从日后工作的实践中才深切体会到这就是李敏华这样的一批大师给予大家的宝贵财富。

注重细节是李敏华教学的又一个特点。同学们都知道李先生在20世纪50年代初发表过一篇著名论文，就是旋转盘在塑性状态下的受力变形，当时她给出了一个几乎是精确的解，这个是非常不容易的，也是她对塑性力学发展的一个重要贡献。于是她在课堂上用了好几节课来专门讲解这个问题，所以大家也特别有兴趣，听起来印象也深刻，专注地听她讲述有关旋转盘的事情：怎么立题？怎么分析？怎么求解？怎么推广？她甚至连发动机旋转盘是怎么转的、怎么塑性的、怎么变化的都一一向同学们加以介绍。这里没有空洞的说教，而是通过一个实例帮助学生们深入了解塑性的特征。更重要的是，李敏华通过介绍这个自己研究工作的实例，使学生们明了处理问题的思路：做科学研究时，应当如何切入一个新领域？怎样逐步深入开展工作？她也教会学生们明白了：对复杂事物的了解、理解和分析一定要从特例出发，然后把其他复杂因素逐渐放进去，这样才可能成功。一般来讲，不可能考虑所有复杂因素求得某个复杂问题的完整解，这是办不到的[①]。由此可见，李敏华不满足于仅仅传授知识的"授人以鱼"方式，而是遵循"授人以渔"的原则，告诉学生们做研究的方法和思路，这是她教学方法的一个重要特色，也是使学生们受益终身的原因之一。

李敏华在教学中不满足于简单地讲授灌输，而是十分重视对学生的基本训练。例如，她通过旋转盘问题让学生们锻炼解决实际问题的能力。发

---

① 杜善义访谈，2012年3月24日，北京。资料存于采集工程数据库。

动机旋转盘的材料是指数硬化的材料,这个指数是怎么确定的呢?必须要先给一些数值解,然后在对数坐标纸上画出这些解,并连出一条线才能找到指数硬化的指数。李敏华要求学生们学习这些方法。1960年,我国正值"困难时期",当时的教学条件很差,学生到哪里能找到对数坐标纸?只得由辅导老师伍小平统一去学校领取对数坐标纸,裁成一小块一小块的再发给每一个同学,让学生们根据求得的那些数据自己去点出来连成线。李敏华要求每个学生都要亲自动手练习一遍,明白如何从给定的数据用近似的方法找出硬化指数、如何从坐标纸上找到它的斜率,然后再选择一个指数硬化去处理里面的几个问题[1]。李敏华还通过研究实习等方式来培养学生的基本能力。有一次,她安排5807级的朱滨和陈天蔚两个学生考虑一个题目:内压作用下的厚壁筒进入塑性的应力计算。其背景是工厂高压罐的安全评估,她提炼成上述课题来锻炼与提高学生的能力。那时候,李敏华每周和两个学生讨论一次工作进展,学生拉计算尺给出结果以后,她会细致地校核数据并给予说明[2]。这些都是对学生的最基本的训练。

重视实验是李敏华研究工作的一个特点,她认为这是力学科学家必须具备的基本素质之一,因而在教学中一直十分注意向学生们强调实验的重要性。例如,她所编写的《塑性力学讲义》中,在每一章的末尾处都有关于科学实验的论述。在讲课中,李敏华总是非常重视介绍试验的结果,如在讲述著名学者纳达依(Nadai)的理论时,她不断地提到Nadai试验。她以这种方式告诉学生,对于应用力学而言,科学实验是做科研工作的基础,当然这里可以有多种途径:可能利用别人的试验结果,也可能是自己亲自完成的常规试验,甚至可能是按照设定目标自己设计出来的专项试验。记得有一次,李敏华给学生讲薄壁管的试验:

薄壁管的试验有两种:一种就是拉伸加内压,还有一种就是拉压加上扭转。它构成了你所要的各种不同的复杂应力状态,这样的试验可以是"专门"设计的:管壁要多厚?管子要多长?管壁要尽量的

---

[1] 伍小平访谈,2011年8月8日,北京。资料存于采集工程数据库。

[2] 朱滨访谈,2012年6月27日,合肥。存地同上。

薄，管子要尽量的长，这样的试验结果是末端效应很小，应力分布在中间就比较均匀，结果就比较好；而且管壁厚与管直径的比要尽量小，这样"单向"的应力状态就表现出来了。

这些讲述给学生们的印象特别深，当时作为学生的张培强在听课笔记上特别标注了这样一段话："这样的科学试验不但验证了理论，而且对比较各种不同理论提出了看法。"除了让学生们理解科学实验的意义以外，李敏华也注意给学生讲授实验技巧。比如在讲解最大剪应力的塑性准则时，她就提醒学生们要观察剪应力的剪切方向——45度的滑移方向[①]。这也是李敏华教学中"观念和细节并重"原则的体现。

毕业论文是高等教育教学环节中的一个重要组成部分。如前所述，在李敏华的组织下，中国科大力学系高温固体力学专业第一、第二届学生的毕业论文全部是在力学所十二室里完成的，指导教师全部都是由十二室的研究人员担任。李敏华在科研与管理工作十分繁重的情况下，亲自指导二专业学生做毕业论文。第一届两名学生朱滨和何明元是共同合作进行一个课题，他们的毕业论文题目是《变厚度转盘的稳定蠕变》，要求对李敏华在国外所做的关于旋转盘的工作加以拓展，从航空航天需要出发考虑高温情况，所以李敏华指导他们搞高温蠕变问题。在开题阶段，李敏华除了交代要读哪些文献、怎样读文献外，还专门介绍了比例加载、比例应力概念，因为这篇论文主要是应用李敏华提出的这个概念。第二届几名学生则是计算板的热应力问题，这也是从航天科研任务中分离出来的一个题目。可以看出，李敏华特别重视从工程实践中提出问题，她做理论研究并不是做纯粹的理论而是为工程应用，科大学生毕业论文的选题充分展示了这一特点。正因为如此，学生的研究论文有着现实的意义和应用价值，论文《变厚度转盘的稳定蠕变》完成后，李敏华便推荐学生到中国航空学会的学术会议上宣读，当时这对于本科生而言是不多见的。此外，李敏华对于学生的毕业论文工作总是给予细致指导。朱滨和何明元在做论文期间，李

---

① 张培强访谈，2012年6月27日，合肥。资料存于采集工程数据库。

敏华让他们做一个实验，那是带圆孔平板的应力集中问题，要求他们利用力学所的试验设备去测量平板的塑性变形。当时学生们也没有办法，不知道如何做，李敏华就手把手教他们两人，包括在圆孔附近的刻线都是她亲自划的，然后再告诉他们如何测量。① 就这样，李敏华以她独特的专业教材和教学方式，完成了她在中国科大力学系的教学实践，为正在兴起的中国近代力学事业培育了一批朝气蓬勃、勇于奉献的接班人。

倾心指导培养年轻助教成长

李敏华在中国科大力学系二专业开讲塑性力学课程时，学校确定伍小平作为她的助教。这样，伍小平与李敏华的接触便多了起来。头一件事就是帮助李敏华编写《塑性力学讲义》。在 20 世纪 60 年代初，这是一门崭新的课程，没有教材，更没有教科书，必须由李敏华自己撰写。但是，那个时候李敏华非常忙：手头除了研究任务外，还要组织协调力学所十二室的业务工作；同时作为中国科大力学系高温固体力学专业的负责人，她还要主持二专业的教学计划制定、专业课教师配备等一系列事务性工作。在这种情况下，要编写一本没有任何可以参考、借鉴资料的全新讲义，其繁重程度可想而知。特别是开始给第一届学生开课时，李敏华都是一章一章地撰写，一章一章地付印。伍小平记得，那时李敏华忙到"每次都在赶"的地步：对于每一章，伍小平都要告诉李敏华一个"Dead line"，就是截止时间，因为伍小平拿了李敏华写的稿子，才能到学校的印刷厂去印，一般印刷还要花去几天的时间。然后，在上课之前，由伍小平将印好的讲义发到同学手中。即使在这么紧张的情况下赶写讲义，李敏华仍十分认真：这个教材不仅系统，而且文字和图表都很正规。由于时间关系，讲义中的插图是交给伍小平来画的，但她不是草草了事。在伍小平拿去画的时候，

---

① 朱滨访谈，2012 年 6 月 27 日，合肥。资料存于采集工程数据库。

李敏华对每一幅图都有交待，如哪个地方画得稀一点，哪个地方画得密一点。此外，对于这位刚毕业不久、刚走上教师岗位的年轻助教，李敏华不满足只是帮助自己教好课，她把培养后辈的责任牢记在心，所以见面不久就给伍小平指定了好几本专著，要求伍小平好好地阅读学习。直至今日，伍小平仍然十分感激李敏华的严格要求[①]：

> 对我来说，这个好处是非常大的。因为自己原来在大学里学习的时候，看过卡恰诺夫的塑性力学。然后，李先生这个是讲义。如果再看一些其他的书，对从不同的角度理解一些东西非常有帮助。

的确，从伍小平保留至今的《塑性力学讲义》可以看到，伍小平写满了各种心得与笔记，她是在用心学习塑性力学。为了进一步锻炼、培养年轻助教，李敏华还要求伍小平负责出习题。这样，伍小平必须自己先去找那些习题，自己还得先做一遍，然后才能给学生出题让大家做。也许，这是因为李敏华记得自己当年在西南联大做助教的时候就是这样的，正因为自己做了大量习题，才能在美国 MIT 攻读研究生的考试时拔得头筹，她希望伍小平能更全面地成长，而不是仅仅帮着自己教完一门课程。

对于后来伍小平被推选申报院士这个事，李敏华也非常关心。当她得知此事后，让伍小平到北京向她汇报工作。汇报时，李敏华对伍小平的工作问得非常细致、非常认真，因为伍小平早已转向力学实验技术研究，她们不在同一个"行当"里所以她要对自己的投票负责。李敏华这种凡事认真对待、处事讲究原则、待人热忱公道的品格一直受到大家的称赞。

[①] 伍小平访谈，2011 年 8 月 8 日，北京。资料存于采集工程数据库。

第八章
科学春天

1976年，持续十年之久的"文化大革命"终于结束，各方面工作得以逐步恢复和整顿。1978年3月18—31日，全国科学大会在北京隆重举行，确定了新时期中国科学工作的方针政策，制定了《全国科学技术发展规划纲要》。在开幕会上，邓小平作了重要讲话，明确指出"现代化的关键是科学技术现代化"以及"知识分子是工人阶级的一部分"，重申了"科学技术是生产力"这一马克思主义基本观点，并号召"树雄心，立大志，向科学技术现代化进军"。这个讲话澄清了长期束缚科学技术发展的重大理论是非问题，打开了长期禁锢知识分子的桎梏。在这大好形势下，力学所也迎来了新气象。尽管已经年过花甲，李敏华仍然全身心地投入改革开放大潮中。1977年2月，她被力学所学位评定委员会分会指定为研究生指导教师。1978年1月1日，北京力学所正式回归中国科学院建制，她重新被任命为十二室主任。在科学的春天里，李敏华又焕发了年轻人般的活力。

喜招研究生　培养跨世纪力学人才

1977年初，国家决定恢复研究生招收、培养制度后，中国科学院率先成立了中国第一个研究生院，并公开发布了招考消息。随即，力学所研究确认了研究生指导教师人选，李敏华是其中之一。当年报考力学所的考生有1227人，是全国考生最多的单位，而报考李敏华固体力学专业的就有197名。力学所共录取研究生50名，李敏华原定招收两名，结果在其名下招收了10人，其中两名（陈玼珩和李大伟）在录取后不久就直接被派往国外学习，四名（梁乃刚、屠美容、陈其业、任其全）由自己指导，另外四名（李英治、刘国玺、缪经良、李芳忠）则交由十二室的中年研究人员辅导，一方面是为了培养锻炼这批中年研究人员，另一方面也是为了推进固体力学各个不同领域的工作。

李敏华招收研究生的历程伴随着中国政治形势变化而时起时落。1956年她招收了第一个研究生范元勋，但很快就遭遇"反右"运动。1962—1964年她招收了张双寅、何明元和毛天祥三名研究生，但因"四清"运动和"文化大革命"均未能走完读研的全程。特别是1967年教育部向国务院呈报了《关于废除研究生制度及研究生分配的报告》后，尚未毕业的三名研究生均被派往军垦农场，在那里劳动长达一年半之久。在中断了13年之后，在她年届花甲之时，又能招收这样一批年轻学子来继承固体力学事业，真是科学春天里绽放的第一支鲜花，其喜悦之情溢于言表。许多当年的研究生都记得，他们在1978年5月到力学所参加复试时见到李敏华的情景：初试入围的100名考生集中在力学所的小礼堂里，其中有32名是慕名投报她的莘莘学子。李敏华亲自参与了复试的监考和口试，那年她已经是年过花甲，但仪态端庄、笑靥满面，身上穿着素淡清雅的裙子，手中托着一叠厚厚的试卷，宛如春风般地巡回在一排排座位之间，不时用略带江南口音的普通话提醒着考生们应注意的事项。考试的气氛紧张而又严肃，笔试长达6个小时。

"文化大革命"后第一批研究生们比他们师兄幸运，他们先后取得了硕士学位。其中的"幸运儿"还在取得硕士学位之时的1981年，遇到了中国科学院首次招收博士研究生的机遇。在中国科学院招收的第一批104名博士研究生中，力学所就占了八名，成为招收博士研究生的"大户"，梁乃刚、李英治、刘国玺和屠美容都先后通过了博士研究生资格考试[①]。梁乃刚在1985年又成为力学所第一位取得博士学位的研究生。在随后的年份里，直到20世纪90年代中期，指导研究生都是李敏华工作的重要组成部分。在她所指导的研究生中，不少人成为了相应学科的领军人物，并在各自的事业中做出重要贡献。倾心为固体力学的持续发展培养跨世纪人才，是李敏华在科学春天里画出的一道绚丽彩霞。

　　李敏华对研究生学业的要求十分严格，对研究生的基础课和专业课学习提出了明确的要求，不仅亲自选定线性代数、常微分方程、数学物理方程、计算方法和张量分析等作为基础课科目，还指定弹性力学、振动与稳定、塑性力学和有限元方法作为专业课科目。当时研究生院的授课老师都是相应领域的权威，李敏华告诉学生们"一定要把基础打牢，基础课能上的尽量上，并一定要读精；另外有一些课程去听听也好，也许以后工作时就有用处了。"由于研究生院当时未能开设塑性力学和有限元方法课程，李敏华除了讲述一些基本概念外，还指定了参考书目要求学生自学，并委托作为学长的范元勋负责考试。由于当时的学生都是学业荒废十多年后重新拿起书本的，学习相当艰苦，几个学生建议

图8-1　李敏华和研究生、助手在新到的试验机前留影

[①] 梁乃刚访谈，2012年4月16日，北京。资料存于采集工程数据库。

第八章　科学春天

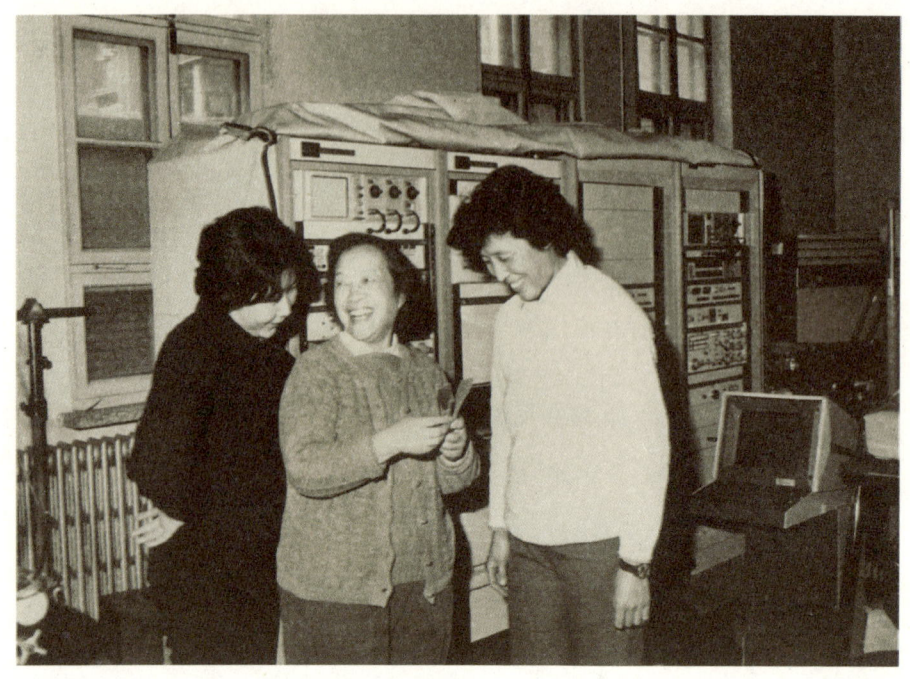

图 8-2　李敏华和助手们研究讨论试件的试验结果

李敏华免考塑性力学。但她没有同意，当然不是简单地拒绝，而是用她在麻省理工读博士的经验告诉学生：学完一门课程，只有经过考试才能有深刻的记忆。李英治还记得他在博士论文选题时与李敏华之间的一番争论：李英治本来希望延续自己在硕士期间完成的厚板断裂工作，并以此为基础扩展到厚壳断裂研究。但是，李敏华留意到美国航空航天局在 1979 年发表了著名的 Raji-Newman 公式，便执意要求李英治从准三维的断裂研究转向全三维的断裂研究，并委托柳春图和何明元作辅导老师。这是一个前沿课题，当时李英治曾抱怨压力太大，但李敏华耐心地开导说"博士论文的起点一定要接近国际研究的前沿，一定要有所创新、有所突破。"在导师们精心细致的指导下，李英治花了三年多时间，用张量变换建立了曲线坐标下三维弹性力学基本方程，并沿裂纹尖端进行特征展开，从而获得了三维裂纹尖端的应力应变场，同时在此基础上建立了奇异单元，进行了有限尺寸三维体的应力强度因子分析。这篇博士论文在完成的当年就发表在《中国科学》和美国机械工程学会 ASME 的 STP

特别报告上。每当李英治回想起这件事情,总是由衷地感谢李敏华的用心良苦。

与此类似的,还有屠美容的博士论文工作。当时屠美容研究的是带圆孔板的孔边裂纹附近的应力集中,由吴阜肤协助进行测试。她们需要在试件上先贴上云纹片,再放到加载架上,然后一点点加载直到拉断为止。李敏华要求她们:取样必须足够密,每加一点载荷就要做一次云纹数据,每个数据必须重复多次。那时这类云纹和散斑的试验都是摸黑做,试验时看不见,完全凭手感,要等到冲洗处理后才能出结果。有时会因动作幅度稍大,而得不到任何结果。但李敏华要求结果不满意时必须重做,直到做出满意结果。所以对屠美容和吴阜肤而言,她们往往要做上百次试验才能够考虑撰写报告、发表文章[①]。严师才能出高徒,严格的训练才能获得真才实学。1987年,屠美容由李敏华推荐到美国继续深造,并进入美国NASA的研究部门,这与她在力学所读研的背景显然有所关联。屠美容在回忆恩师时说道:

> 在李先生的指导下,学术气氛是自由的。她善于启发学生的自我能动力、创造力,鼓励我们勇敢地向前探索。她的视野是宽广的,她要我们站在世界科学的前沿且注重于工程实践的运用。她的指导是具体的、精辟的,也是细腻的,论文中的任何细节她都了如指掌。我们每一个小小的进展,她都报以会心的微笑。

学生们的回忆凸显了李敏华优良学风的各个侧面,正是在导师李敏华言传身教的影响下,他们规范自己的学术行为,切切实实地做科学研究,从而取得了工作成效。

李敏华对于研究生论文的选题坚持"个人兴趣与国家需求相结合"的原则,梁乃刚毕业论文的选择过程就能很好地证明这一点。对于论文题目,李敏华首先征求梁乃刚的意见,梁乃刚表示他在工厂遇到的问题都与

---

① 吴阜肤访谈,2011年5月20日,北京。资料存于采集工程数据库。

塑性有关系，所以毕业论文想做塑性方面的。李敏华说："这很好。但是毕业论文一定要和国家的需要相结合。"等到第三次谈话时，李敏华便告知梁乃刚：

> 我在与国内外学者接触当中发现有限元发展很快，从理论上来讲解决问题的范围很广。只要有了本构关系、材料参数、边界条件，它是无所不能的，这是它的潜力。但是现在存在的一个问题是，实际的计算机条件容纳不了数据的资源，显得不足。

当时正好是我国开始近海石油开发的时候，采油平台的管节点应力分析问题需要大存储量计算机，而其时国内的计算机容量很小，根本无法从事这类课题研究。对于这种状况，李敏华说："就是以后计算机容量大了，人们又会不断地追求算更大的题目。"这在当时是个很大的"剪刀差"，所以她将梁乃刚的研究主题确定为"如何在资源比较小的计算机上解决大型

图 8-3 李敏华主持国际学术会议

结构计算问题？"而且，李敏华还提出："论文不只是做一个理论，还要去找一个实际的海洋平台，一起去订个合同，到时候能够将人家的任务完成了，你的论文也就完成了。"不久，李敏华真的带着梁乃刚等人一起到渤海石油公司询问他们想解决的实际问题。石油公司希望解决的问题是一个比较复杂的管接头的计算，当时李敏华就签订了合同，而且合同负责人定的是梁乃刚。于是，梁乃刚就以这个任务为导向做毕业论文。因为进行极限分析时，一定需要计算塑性的结果。当时，中国导管架的管节点委员会也有这样的要求，只是他们觉得实际工程的管接头复杂，国内的计算机难以完成计算。然而，李敏华和梁乃刚就是要想个办法在中国现有的计算条件下实现计算、给出结果。当然，实现这个想法并非易事。因为实际的导管架全是三维结构，而且管接头结构十分复杂，简单的有 T 型的，复杂一些是 Y 型的，再复杂一些是 K 型的，而且要考虑非线性问题，所以计算是困难的，特别是当时他们要做的是通用程序。尽管李敏华指出了方向，但是没有人指出通过何种途径来达到这个目标。由于当时水电部的机器在国内已经是最好的了，有三层大楼那么高，安置在位于南城的水电部规划设计总院里。而李敏华的学生范元勋就在那里工作，这给力学所提供了很大的方便。在范元勋的协助下，梁乃刚最后圆满完成了任务，还提交了一篇论文参加在美国休斯敦召开的国际近海工程年会。那时，欧洲的管节点委员会的人都不相信以中国的计算机条件可以完成这种计算，所以会后他们派人到力学所访问，并接受李敏华的推荐，邀请梁乃刚到挪威做博士后。就在梁乃刚到达挪威的第三天，他们就要求梁乃刚作报告，当时还请了作为 DNV 计算中心顾问的欧洲钢节点的管节点委员会、国际上计算有限元非常有名的几位学者来参加报告会。尽管梁乃刚的英语不算流利，只能把博士论文的核心想法讲出来，即如何在非常有限的计算机容量下进行计算。他们听后深刻理解了"以小算大"的要害。这就是李敏华选择研究课题的视角，她知道如何从工程实际的需求提炼出有长远生命力的科学问题。当然，做这类课题往往难以发表很多论文，梁乃刚回忆道：

  李先生从来没有问过"发表多少文章?"的事情,她都是要求我们解决别人没有解决的问题。而且,你说解决了还不算,要等到工程界使用的人觉得解决了问题才算数。人家点头了,那才是真解决了……李先生在业务上要求得非常严格,例如考核程序对不对,那是一点商量余地都没有的。不是我们检查的仔细就一定对,要通过多方面的校核才行[①]。

  的确,李敏华指导研究生的论文题目,一直强调以工程应用为背景与导向,这是她具有的应用力学学派一贯学风的精髓。梁乃刚记得,李敏华总是强调的一个"标准"就是:别人没有做到的,你做到了才行,要解决前人没有解决的问题,这才是真正的创新点。1982 年,李敏华招收了硕士研究生李国安,并委托中国科大力学系的王秀喜协助指导。第一个阶段是在科大上课,但选修哪些课程都由李敏华决定,王秀喜则协助做些管理工作。第二个阶段是做学位论文。当时中国的海洋石油开发刚刚开始,大家对这个问题的认识还很不清楚,不知道该做什么、该怎么做。李敏华时年已经 67 岁了,她亲自带着王秀喜和李国安去各处调研。经过半年左右的反复调研,李敏华最终定下来一个课题,即用有限元法研究在海浪载荷作用下的海洋平台动力分析和安全评估。这个课题非常重要,不仅是国家迫切需要解决的问题,而且在学科上也是具有挑战性的力学工作。经过两年的刻苦努力,李国安完成了硕士论文。在答辩会上,李敏华肯定了李国安的工作,同时也给他提出了新的问题:

  你现在做的海浪问题考虑了流体与固体的耦合,但海浪还是一个完整的海浪。别人可能会提出来,如果海浪打到海洋平台结构上,它破碎了,变成浪花了,这个对你描述的外载荷会不会有影响?如果有影响,你怎么解决?希望你考虑这个问题。如果后边继续做这个工作的话,你该怎么样做?有什么想法?

---

① 梁乃刚访谈,2012 年 4 月 16 日,北京。资料存于采集工程数据库。

可见，李敏华始终以工程应用为导向，始终把握科学的最前沿[1]。正因为在李敏华这种研究精神的熏陶和指引下，她培养出一批跨世纪的力学人才。

和李敏华的严谨甚至苛刻的学术作风成鲜明对照的，是她对弟子们"祖母式"的关怀。她的学生们常常被邀请到家里去享用美餐，李敏华亲自为大家做香酥鸭，20年后，屠美容在纪念文字中写道"其味道的鲜美，至今还口齿留香，回味无穷。"所以弟子们说"作为李先生的学生是幸福的，我们几个师兄弟备受导师关爱，令所里其他的研究生羡慕不已。"当学生们学有成效之后，李敏华又以开放的心胸为她的弟子们创造和争取到国外深造的机会：1978年送走了李大纬、陈玳珩，1985年向UCLA林同骅教授推荐了陈其业，1986年送梁乃刚到挪威做博士后，1987年又为屠美容和李英治饯行……1978年那批研究生的年龄相差十来岁，其中有些年长者已是"拖家带口"的成年人。由于当时的户籍政策，家属无法进京，不少研究生们都是长期两地分居达七八年之久。李敏华特别同情两地分居的困难，她多次和所里商量，寻找解决问题的办法。相处时间长了，彼此熟习了，李敏华也会和学生们谈谈心、话话家常。她给学生们讲过西南联大的艰苦日子：学生吃的是糙米饭加咸菜，那时候她还因此得过肺病，而发国难财的官员和商人却是大鱼大肉，糟蹋粮食。所以他们都痛恨腐败的国民党政府，把希望寄托在新中国身上。学生们就理解了他们为什么放弃在美国的一切而毅然回国。她也跟学生们诉说在美国攻读研究生的艰苦：一家人的生活靠吴仲华的一份庚款奖学金维持。第二个孩子呱呱坠地时，正是他们完成毕业论文的紧张时期。因此只得一个人白天工作，另一个人照顾孩子，到晚上再倒换过来，那时候她往往通宵达旦地工作。李敏华也会给学生们讲讲她刚回国那段春风得意的日子：科学院授奖、周总理接见、参加青年联欢节……甚至，她也和学生们聊聊自己生活中的"闲事"。例如，当学生们为李敏华那一口娴熟、流利的英文所折服时，她却不以为然，就给学生们讲起自己刚到美国时因为英文不好接电话时的尴

---

[1] 王秀喜访谈，2012年6月27日，合肥。资料存于采集工程数据库。

尬。此外，李敏华也会给学生们讲起"文化大革命"那段不堪回首的岁月："上山下乡"的浪潮袭来时，他们也和普通家庭一样把稚嫩的孩子送到了北大荒，作为一个母亲，她难以忍受车站送别时震天动地的哭声。然而祸不单行，到北大荒插队的孩子得了白血病、因为要接受批判、因为要去工作，她难以满足孩子希望母亲多陪陪的愿望。儿子离世有几年时间了，但她心底却始终不能抹去未能满足儿子临终请求的遗憾。屠美容在回忆恩师时写道：

> 李先生的人格是透明的，她从不虚伪造作，给予我们的是人间真情。她对我说，母亲对于孩子是唯一的。孩子生病的时候，母亲要在身边，切切不可因工作而忽视对孩子应有的特殊呵护。这样的话，现在的年轻人听起来也许很自然，但在当时（20世纪70年代末），四人帮刚被粉碎不久，天地依然苍茫。当初的我，一个有两个幼子的母亲，听到这样的话恰似见到难得的光明。李先生鄙视过分的、恣意的表现，她告诉我事业和家庭的关系，她让我懂得了"愚昧"和"崇高的献身精神"之间的根本差别。这深刻的见解是她丰厚的人生历练的产物。

对于早期的学生，李敏华也是关怀依旧。陈玳珩从日本留学归来时，带着夫人一起拜会李敏华，她如同亲人一般详细地询问陈玳珩在日本的工作情况、今后的打算安排、小孩的教育等。

的确，在传奇经历的光环之下，李敏华其实是个有血有肉、有情有义的人，她不仅是年轻学子心目中的偶像，更是一位平易近人的良师益友。

勇挑重担　从事重大课题研究

如前所述，"文化大革命"后期，由于援外飞机出现航空发动机涡轮轴断轴故障，李敏华开展了在扭矩作用下喇叭轴应力分析工作，相关工作不但得到航空部门的首肯，而且在 1978 年获得了中国科学院重大科技成果奖。然而，李敏华并不满足于此，从 1978 年起，她又改换迭代方法和采用任意非正交曲线坐标，提出了新解法。她首先在前期利用向量的散度与旋度对不同坐标系是不变量的特点对涡轮轴进行应力分析的工作基础上，通过张量分析推导出在任意非正交曲线坐标系中变截面圆轴扭转问题的平衡和协调方程，然后采用不等距差分公式将微分方程写成差分形式将任意非正交曲线坐标引入差分法，可以更准确地给出曲线边界上的边界条件，最后用数值计算方法求解应力函数。之后，李敏华又将它发展为任意形变截面柱体扭转问题的新解法。这种新解法收敛性好，所需计算容量小，应用方便，便于编排通用程序，计算量较有限元法少。另一方面，由于采用了任意非曲线坐标，因此适用于解决复杂曲线边界问题，提高了常用的差分法的适应性和灵活性。此外，新方法采用应力函数作为未知量，从所得到的等应力函数线和等位移函数线还可以看出全轴应力分布概况，并可以帮助改进设计。李敏华本人对这项工作是十分看重的，她在 1979 年曾这样总结道：

> 这项工作从解决国防紧急任务中的实际问题开始，提高到成为普遍适用的变截面圆轴扭转问题的新解法。得到这一新解法的思路在固体力学解法中是新的，得到的变截面圆轴扭转问题的平衡和协调方程的新表达式以及在任意正交和任意非正交曲线坐标的平衡和协调方程在国内外文献中没有见到过。该解法和现在固体力学中常用的有限元法相比，计算机的储存量要小很多，应用也方便。今年又将它发展为任意形变截面柱体扭转问题的新解法。由于轴的扭转问题主要就是这两类问题，因此可以说新解法基本上解决了轴的扭转问题。

1980 年，在杭州召开的第一届计算力学会议上，李敏华宣读了非正交曲线坐标系下的计算结果，会议主持人、中国计算力学的泰斗钱令希院士评价说:"这个问题是很难的,用了非正交曲线坐标。李先生取得这样一个成果是可喜可贺的。"[1] 当然,取得这样的成果是不易的,李敏华当时已年过60,而且是室领导和所学术委员会委员,行政工作十分繁忙。尽管课题组里有韩子健、任孝安、梁乃刚等年轻助手,但她坚持亲手推导扭转问题在任意非正交曲线坐标系的方程,众所周知,这是一项很繁琐费力的工作。与此同时,她结合航空部410厂及420厂的任务,将这个新方法运用到对发动机涡轮轴的应力分析上,那时常常看到她扑在桌上察看一张张大大的涡轮轴工程图,不时地修改设计参数,然后再做数值模拟试验,反复比较核验。为了解决边缘陡峻并有"拐弯"的实际喇叭轴情况,李敏华带领研究人员不断改进方法,在程序中引进了"转动坐标"法。尽管增加了程序实现过程的烦琐,但是计算结果的精度大大改进了,特别是在喇叭轴外形有"突变"的小曲率半径部位处。对于当时的情景,任孝安是这样回忆的:

> 这个问题怎么提炼、怎么计算、怎么准备数据等,都是与李先生一起做的,算题则是在水电部的计算机上完成的。由于晚间的机时便宜,我总是夜里去、早上回,回来之后总是先到力学所把计算结果拿给李先生看,然后再去睡觉休息。在有了初步结果之后,下一步如何改进也都是与李先生一起商量之后定下来的[2]。

梁乃刚也回忆道:

> 后来用三维程序算出拉伸、弯曲和扭转。李先生让我和任孝安一起去算,并且用我们计算的结果与她自己以前算过的扭转结果对比一下。在我进行这个工作之前,航空学报发表过一篇文章,声称其计算结果与实验结果相差不到1%,但我的计算结果与他相差20%。李先生就问:"你怎么能说明你的结果是对的?"对于这种复杂情况,现有的

---

[1] 张双寅访谈,2012年4月17日,北京。资料存于采集工程数据库。
[2] 任孝安、吴文权访谈,2012年8月7日,北京。存地同上。

实验资料很少,重新做试验的代价又很大。李先生说:"如果能找一个简单的问题,又有解析解的,就能验证你的程序的可靠性。"后来我们找到铁木辛科用电学方法测量应力集中问题的实例,这个问题的方程和边界条件在力学方面与我们的问题相似。当然这个问题不是喇叭轴,它比喇叭轴的问题要简单。我就采用我们的程序对这个问题进行计算,与铁木辛科的解相比,误差很小,大约是5%,但是我们与北航老师的结果相差20%。等到研究生毕业之前,进行试验工作的沈阳410厂发现他们以前的报告将一个数据换算错了,等他们将错误纠正过来后,他们的实验结果与我们的计算结果一样,而与航空学报上论文的结果不一样。再加上与铁木辛科结果的比较,这样才确定了我们计算的可靠性[①]。

李敏华研究成果的取得,就是这样通过"从工程实践中提炼科学问题—抓住问题的要旨进行创新思维—利用不同途径反复校验结论的正确性"的程式来确保的。

追求系统、完美解决工程实践中出现的问题是李敏华研究的一种风格。而且,她从不"闭门造车",总是和工业部门在一起探讨,根据实际工程问题开展研究。在参加航空发动机涡轮轴断轴故障分析会后,李敏华深深感到疲劳问题的重要性,从而下决心从应力应变分析的研究方向转向疲劳问题研究。在疲劳问题研究中,实验工作是一个重要方面,搞力学研究的人对从事疲劳实验的工作有一个戏言:试件还没"疲劳",人已经先"疲劳"了!因为疲劳试验要做10^6寿命(即一百万次寿命)。对于与航空有关的疲劳问题,要做的都是"低周疲劳"试验。这里,"低周疲劳"有两个意思:一个是所采用的每分钟疲劳次数不能太多。有些疲劳试验可以采用很高的频率,比如每秒钟多少万次,那么在很短的时间里就能达到10^6的寿命。如果做"低周疲劳"试验,频率只有10赫兹、20赫兹,如果要做到10^6的寿命,就要做上几天几夜了,实验工作很辛苦。实验人员要

---

① 梁乃刚访谈,2012年4月16日,北京。资料存于采集工程数据库。

整天盯在那里，出一个数据要好几天，一条曲线需要几十个点子，而且说明问题往往需要几十条曲线，研究的工作量巨大。因此，白以龙在评价李敏华转入"疲劳研究"时说过：

"疲劳"这个活在力学里、起码在我的脑子里，是一个 Dirty Job。因为试件还没有"疲劳"，人先"疲劳"了。而且，从力学的角度来讲，再往下做是件很难的事。但是，李先生觉得这件事是中国科技发展、也是力学科学发展很需要往里冲的一个"领域"。结果，李先生在那么一个高龄下就冲进去了，对此我印象很深。虽然，我自己没有做疲劳，但是我后来知道，做科学就得不断地往新的领域冲[①]。

更重要的是，李敏华倡导学科交叉，建议从宏观微观结合角度开展疲劳研究。她认为力学工作者应当和材料科学家配合起来，协同进行疲劳研究。特别是力学工作者应逐步考虑微观因素，以便从内在因素进一步了解宏观反应，这样才能较好地研究疲劳机制。于是，在进行疲劳研究工作时，她主动与中国科学院金属研究所的王中光教授密切合作，共同观察，一起分析，解释实验中出现的新现象，为深化认识实验现象机理起到了事半功倍的效果。李敏华认为，只进行圆棒试件和圆棒缺口试件的宏观疲劳实验，对了解在疲劳加载过程中试棒内部的变化是不够的，因此决定进行低周疲劳的实验研究。由于试验件的质量决定着试验结果的可靠性，为了保证试验件的质量，李敏华选择用于制造飞机的航空用板材作为试验件，并不顾年事已高，亲自去南昌出差，到飞机工厂选购试验件。同时，她还请工厂的技术人员选用不同厚度的航空铝板进行加工，并强调选择铝板的碾压方向作为试验件的拉伸方向来剪裁试验件。为便于测量试件在疲劳加载过程中应变分布的变化，她还采用圆孔薄板铝试件来研究应变分布变化规律，由此得出关于应变协调起到主要作用的结论。这样，李敏华便可采用全量应力—应变关系和分段幂函数近似实际疲劳循环曲线的模型（简称

---

① 白以龙访谈，2012 年 7 月 24 日，北京。资料存于采集工程数据库。

为分段全量应力—应变关系模型）编制平面应力问题程序，继而发展为三维问题的计算程序，用以求算疲劳载荷作用下试件的应变分布和应力分布，开创了一条研究疲劳问题的新思路。

李敏华关于"疲劳问题"的研究，除了作为科学家个人对科学问题重要性的理解这样一个内在因素的驱使外，还和当时科学春天的时代大背景密切相关。依据全国力学发展规划，力学所开始在一些新的学科点上布局，李敏华承担了力学所的重点课题"弹塑性断裂理论和循环载荷下应变集中的弹塑性分析（1981—1985）"[1]。此外，她还通过各种渠道承担了若干相关课题，如应用研究类课题"材料和缺口件疲劳损伤的主要影响参量及影响规律的研究"和"低周疲劳寿命估算方法和疲劳理论的研究"（1983—1987）；航空部624所"航空燃气轮机涡轮盘和涡轮轴的强度和疲劳"研究任务（1983）；国家自然科学基金面上项目"缺口件低循环疲劳和寿命估算方法"（1986—1988）；机械工业技术发展基金项目课题"高低周双频复合疲劳强度研究"（1987—1989）[2]。更为重要的是，在改革开放的形势下，国家对科学技术事业的支持力度逐渐加大，20世纪80年代初开始组织一系列跨部门跨学科协作攻关的重大项目。例如，在"六五"期间有国家科委的基础研究重点项目"材料微观结构和力学性能的研究（1981—1985）"、中国科学院重点课题"弹塑性状态下断裂和疲劳理论的研究（1982—1985）"（该课题实为国家科委重点项目的配套支持）；在"七五"期间有国家自然科学基金委员会的重大项目"金属材料断裂规律及机理的研究（1987—1991）"。李敏华在这一阶段的研究工作都是这些重大项目的组成部分，因此她是在国家层面上从事疲劳问题研究的，这不仅是个人兴趣和研究偏好，更重要的是国家需求。"七五"重大项目结题时，李敏华参与了"八五"重大基础研究项目"破坏力学的宏微观理论及应用"和"损伤、断裂的机理和宏微观力学理论"等建议工作。尽管此时吴仲华刚刚做过手术，李敏华需要花费不少

---

[1] 力学所文档1981-03-003。存于中国科学院力学所档案室。

[2] 力学所文档1983-03-001/002/021，1987-03-008，1989-03-006。存于中国科学院力学所档案室。

时间来照顾爱人，但她仍不脱离科研第一线，为推进疲劳研究工作出力。可以说，李敏华一直站在固体力学的顶级层面开展相关研究。关于重点项目的研究成果，李敏华和其他两名协调组副组长肖纪美、陈南平一起撰写了论文《材料微观结构与力学性能研究》并发表在《中国科学基金》上。这是我国第一个由力学家和材料科学家合作在宏微观结合层次上开展断裂与疲劳研究的成功范例。

此外，为推动我国疲劳研究工作的学术交流，李敏华还先后发起组织了两年一届的全国性疲劳学术会议，第一届（1982年）和第二届（1984年），分别由中国力学学会和中国航空学会具体组织。从第三届起，中国机械工程学会和中国金属学会也加入会议的组织工作，并最终发展成为四个学会联合轮流主持的系列学术会议。这样就构筑起一个跨学科平台，强化了力学工作者与材料科学家相结合、理论研究与试验研究相结合、宏观研究与微观分析相结合的趋势，推动了疲劳研究的学术交流。第一届会议有42个单位的98名代表参会，交流论文报告58篇。第二届的参会代表有152名，交流论文126篇。由于中国机械工程学会和中国金属学会的加入，第三届的参会代表增加到232名，交流论文171篇。随着学术带头人的变化和科学热点问题的转移，这个系列学术会议在21世纪后不再举办，但它在中国的疲劳研究史上起到了重要的推动作用。

历经曲折　建设一流的疲劳试验室

为了完成中科院重点项目"弹塑性状态下断裂和疲劳理论"和国家科委项目"材料微结构和力学性能"的研究课题，李敏华以购置当时最先进的MTS电液伺服疲劳试验机为契机，开始筹建疲劳实验室。应当说，李敏华秉承应用力学学派的学风，十分重视固体力学的实验研究工作。她在主持研究管理工作期间，总是把实验室建设作为头等大事来抓，并且积极推动各项试验工作的开展。1964年，李敏华卸任十二室主任之时，十二室在实验室方面具备了三个大配套系统：一个是两层小楼的"弹试楼"，作为弹性力学实验研究之用；一个是"老食堂"平房的实验室，用作应力测量，瞬时加热加载装置也安装在那里；还有一个是力学所大楼一楼的西侧朝北的房间，包括蠕变、塑性、疲劳实验设备等，其中130实验室就安装着100吨材料试验机[①]。1965年后，由于651任务上马和151任务下马，力学所"弹试楼"的设备从十二室调出，瞬时加热加载系统失去了应用的需求。特别是"文化大革命"期间，实验室建设工作基本停顿下来，尽管在"文化大革命"后期十二室逐步确定了几个研究方向，但在科技投入不足的情况下不可能实现大型设备的购置。1978年，李敏华重新主持十二室工作，她依据全国力学规划会议的部署，将断裂和疲劳作为十二室的主要研究领域，并开始筹划现代化实验室的建设工作。而且，当时力学所成立了十六室，十六室以材料力学性质为研究领域，抽调了十二室的部分人员和130实验室等部分设备。如何建设新十二室的实验室成为李敏华此时不断思索的问题。在这个阶段，十二室购买了丹麦的B&K产品，建成了国内顶尖的振动实验室[②]；购买了全息照相系统，建立了性能先进的光测实验室。而MTS材料疲劳试验机的购置更是花费了李敏华的许多功夫和精力。

1981年，李敏华作为负责人之一，组织来自科学院和高校的六个单位共同参与国家科委"六五"基础研究重点项目"材料微结构和力学性能的研究"，其他五个单位主要研究材料显微结构，只有力学所十二室研究材料力学性能，所以他们都希望十二室承担相关课题，并认为作为科学院的单位应当配置必要的关键实验设备。这样，十二室各课题组共20余人承担了该重点项目的研究任务。但当时十二室只有一台国产的疲劳试验机，性能低，难以满足课题需要，李敏华便把购置先进的大型材料疲劳试验机的工作放在第一位抓紧推进。经过深入调研、反复比较之后，她提出购置比较适合课题需要的MTS试验机，并且为实现这一目标全力以赴，从争取经费、换取外汇、签订合同、培训人员直到建设实验室，整整耗费了五年时间，其间还因为"上当受骗"而受到院所的审查。为了获得科学院的

---

① 申仲翰访谈，2011年7月5日，北京。资料存于采集工程数据库。
② 同①。

经费支持，李敏华于 1981 年 1 月 4 日提交给力学所转院数理化学部并转钱三强副院长的请示报告。随后她亲自带着十二室秘书申仲翰到院里去"跑经费"，当时张劲夫的原秘书李克带着他们转遍了院部的器材部门、财务部门和计划部门，分别向每个部门讲述申请购置试验机的必要。6 月 19 日，李敏华又提交给力学所转院物理数学部马大猷、甘柏、邓照明主任的请示报告，其中进一步阐述了申购理由、经费预算，并提出盼望能安排时间做口头汇报。这样，终于争取到了一定的购置费，并将 MTS 材料疲劳试验机作为"北京地区公用设备"纳入科学院装备订购计划。当时科学院有关部门告之：如能自行换到外汇，则能早日联系订购事宜。于是，李敏华开始想方设法兑换外汇，当得悉从三机部航空技术进出口公司可能换到外汇后，她就于 7 月 13 日通过力学所给三机部发去公函请求予以支持，但未实现。在这之后，她又先后与中国民航、福州外贸局等单位接洽换汇事宜，亦未成功。后来经人介绍，她开始与北京朝阳区左家庄生产服务联社经理部联系兑换事情，当时对方提出必须以为力学所代订机电产品作为换汇条件，李敏华认为这种作法不妥，从而提出改为代购原装的 MTS 材料试验机。不久，数理学部告之换汇事宜可以通过合肥等离子所解决，李敏华便停止与左家庄联社的交涉并立即将款项汇往了合肥。嗣后，学部又向李敏华和力学所主管领导提出"继续向左家庄联社联系换外汇事"的意见，于是力学所和联社于 9 月 8 日签订了换汇合同和订货合同，并规定 45 天内订不到货时必须按时退回预付款。然而，45 天后，货没有订到，虽然派人催账数十次，但只追回很少的一部分款项。到 1982 年 1 月，力学所才得知左家庄联社经营有问题、经理被拘留审查，但预付款有 16.5 万已无法追回了[①]。为此，院党组纪委专门派人调查，李敏华曾于 1982 年写了书面材料说明情况。尽管在上述交涉过程中，李敏华将每一步进展情况均向科学院和力学所有关部门作过汇报并按照指示向下推进，但因经验不足、轻信许诺从而使研究所蒙受损失，这使李敏华痛心不已，她曾对毛天祥说："我小儿子吴定得白血病去世的时候，我都没有睡不着觉。这次为了换外

---

① 力学所文档 1982-03-005。存于中国科学院力学所档案室。

汇的事情，我真的睡不着觉了。"但是，李敏华始终坚持，绝不轻言放弃，最后获得成功：25吨材料疲劳试验机可以进货了。1983年秋，李敏华派何明元、韩金虎和周爱华三人赴美接受培训，在此期间他们又和MTS公司签订了购置10吨材料疲劳试验机的合同。1984年冬，MTS材料疲劳试验机正式运行。这是我国进口的第一台MTS试验机，性能十分先进，在完成"六五""七五"重点重大项目中发挥了重要作用，之后又为十二室以及力学所内外诸多有关断裂、疲劳的研究项目做出了贡献。所以，大家由衷地赞扬李敏华重视实验室建设、为科研工作的开展奠定了坚实基础。为了科研事业，她真不惜"呕心沥血"！

　　李敏华不仅重视实验室的建设，而且对实验室的工作人员十分关心。因为她本人也一直参与试验工作，甚至到将近70岁的时候还坚持每周三天下实验室[①]，在她办公室里保留着许多试验记录本，其中记载着她参加试验时采集的各种曲线和数据。李敏华深知实验室工作人员的辛苦，总是采取不同方式照顾实验人员，其中不少是中初级技术人员。在改革开放以前，承担课题没有奖金提成等，但从事有害有毒实验工作的人员可获得不同档次的保健费，她就将自己每个月几元钱的保健费省下来，给参加实验的人员发一点补贴。在当时人们只有几十元月工资的情况下，这点补助对大家的日常生活还是很有用处的。改革开放后，国家陆续出台了各种激励政策，允许使用课题结余的"提成"或"奖金"来发放津贴，她往往自己放弃而全部发给大家[②]。尽管初期，这种提成或奖金的额度很低，但反映了李敏华的处事原则。例如，1982年科学院发文通知，承担院重点科研课题"弹塑性状态下的断裂和疲劳理论的研究"获得"完成任务奖"420元[③]，除去研究所提成（20%）及管理人员份额（16元）外，李敏华将所剩奖金320元分发给除自己以外的十二室参加课题实验工作的13名科研人员。这实际上是李敏华在当时条件下稳定实验技术队伍的一种措施。

---

① 王秀喜访谈，2012年6月27日，北京。资料存于采集工程数据库。
② 毛天祥访谈，2012年9月4日，北京。存地同上。
③ 力学所文档1982-03-/010。存于中国科学院力学所档案室。

建设一流的实验室需要有一流的实验技术来保障，李敏华十分重视试验的每一个细节。她对试验件材料的要求很严格，用作试验件的铝材均选自飞机工厂，因为那里的铝材质量有保证。此外，一般工厂也很难确保加工的精度，所以她亲自带领课题组成员去南昌320厂联系并细致地向技术人员讲述试验件加工的要求。她专门指出"试验件的拉伸方向，一定要是铝板板材的碾压方向"，并强调"冷加工、热加工对它们的性能都是很有影响的"，还反复说明"钻孔的精度、偏差度一定要保证"。其实，当时320厂的生产任务很重，能将力学所的活儿接下来、插进去是很不容易的，而且要求又是这样高。由于李敏华和十二室的研究人员和他们一起合作过，为他们解决过急需问题，所以他们也全力支持李敏华的工作。

李敏华对实验工作的认真和重视是她得以取得一个又一个研究成果的保障。在此期间，在疲劳研究领域，她先后发表相关学术论文七篇，分别为《多重客观散斑技术及其应用（Multi-objective-speckle Technique and its Application）》（合作者屠美容）、《比例超载对应变集中元件低周疲劳寿命和裂纹起始的影响（Effect of Propertional Overloading on the Life of Low Cycle Fatigue on Crack Initiation of Strain-concentrated Member）》（合作者王振江、周爱华）、《超载对应力集中元件低周疲劳的影响（Effect of Overloading on the Low Cycle Fatigue Life of Stress-concentration Member）》《利用客观白光散斑测定曲面变形（Strain Determination on Curved Surfaces by Objective white Light Speckles）》（合作者屠美容、韩金虎）、《用白光散斑的直接记录法测量曲面变形》（合作者屠美容、韩金虎）、《含表面裂纹三维体裂纹尖端应力应变场及应力强度因子计算》（合作者李英治、柳春图、何明元）、《Fracture-analysis for 3-Dimensional Bodies with a Surface Crack（含表面裂纹三维体疲劳分析）》（合作者LI YZ，LIU CT等）。此外，李敏华和屠美容、吴阜肤、周爱华、王振江还撰写了一篇力学所的研究报告《超载对平面应力集中问题低周疲劳损伤的影响》。

科学春天的到来为李敏华的学术生涯带来了又一春，她不仅开拓了疲劳研究的新领域，取得了一系列的新成果，实现了为国家航空事业做贡献的夙愿，而且经历了她人生征途上的两个重要事件：1980年11月26日，李敏华当选为中国科学院技术科学部委员，那批学部委员的产生是中国科学院历史上第一次采用同行评议、民主选举的方式；1985年6月16日，李敏华按时转正，成为中国共产党的正式党员。这是党和国家对她数十年来在固体力学领域奋战不已的认可与肯定。

第九章
鞠躬尽瘁

正当李敏华准备在她新开辟的疲劳研究领域里再攀高峰的时候,她遭遇了生命中的沉重打击:1988年1月,吴仲华因患肝癌而进行手术;1992年9月19日,吴仲华因癌症扩散逝世[1]。在吴仲华治疗、养病期间,李敏华一直陪伴在他的身边。在吴仲华术后恢复工作期间,李敏华经常作为他的好帮手协助其工作。在吴仲华逝世之后,李敏华虽然因为失去了忠实的好伴侣、事业的同行者而悲痛,但依然接课题、带学生、发文章……以一颗赤诚之心,倾尽身力继续为国家、为民族、为力学事业做贡献。

伴随吴仲华　继续向前行

1987年年底,吴仲华在常规体检中发现肝部有问题。1988年1月,李敏华陪同他转往上海华东医院进一步确诊,医生诊断为肝癌,这对李敏华

---

[1] 吴仲华传。中国科学院工程热物理所内部资料。

无疑是一个沉重的打击。在上海，第二军医大学的著名肝胆科专家吴孟超亲自为吴仲华施行了肝癌手术，手术本身是成功的。但是，从此她要经常陪伴在吴仲华的身边，为他的治疗、休养和工作操劳。手术住院期间，李敏华一直陪住在病房，她请在上海工作的朋友送来做饭必备之物，亲自为吴仲华煮粥、做家乡口味的菜肴。李敏华听说病人要多

图 9-1　李敏华陪同吴仲华住院养病

吃甲鱼，为了帮助吴仲华在术后尽快恢复身体，她就请朋友从菜场代买过好几次[①]。回北京以后，她也是千方百计托人从南方买来甲鱼。多年之后，李敏华还为自己没有把甲鱼做得更好吃而感到后悔，多次自责地说："否则，吴仲华当时可以多吃些，就不会出问题了[②]。"更令人感动的是，这一对院士伉俪没有被癌症吓倒，他们依然全力工作，充分利用改革开放的好时光。甚至在上海医院期间，吴仲华还念念不忘自己心爱的科研事业，把病房当作办公室，继续考虑他近年来从事的关于燃气蒸汽联合循环等总能系统的研究课题，同时考虑撰写向有关领导建议我国要发展燃煤联合循环的报告。此时，李敏华便成了吴仲华的"第一助手"，他们一起讨论建议的内容、切磋报告的写法，当吴仲华感到疲劳需要休息时，李敏华就动手捉笔替他撰写文字。当时，电脑在中国还不普及，病房里也没有台式电脑，只好由吴仲华在上海的往届学生每天往返于医院和学校——学生从病房取走他们的手稿回校打印，然后送回

---

① 永恒的回忆. 中国科学院工程热物理所内部资料.
② 毛天祥访谈，2012 年 9 月 4 日，北京。资料存于采集工程数据库。

第九章　鞠躬尽瘁

医院请他们定稿[①]。1988年3月,癌症手术后回京不久,尽管当时还在接受干扰素治疗,吴仲华仍然按时出席第七届全国人民代表大会并当选为第七届全国人大常务委员会委员、科教文委员会委员,李敏华也同时当选为第七届全国政协委员并出席政协第七届全国代表大会。1989年4月,他们携手回到清华大学,参加清华十一级校友的返校聚会活动,与1935年同时考入清华的同学们共庆毕业60周年。李敏华和吴仲华在抗击病痛的过程中,依然活跃在中国的科研和社会的大舞台上,他们以惊人的毅力继续拼搏奋斗,把他们的知识奉献给终生挚爱的航空事业,彰显碧空丹心情怀。

吴仲华进行癌症手术之后,就在家中开辟了一间办公室,经常在家里的"办公室"开展工作。因为他还身负许多重任,还有许多工作要完成。与吴仲华合作承担斯贝发动机切顶改装工程项目的航空部3035厂高级工程师鲍劲源在1988年5月到北京参加项目鉴定会时,吴仲华设家宴招待。在饭前,鲍劲源为吴仲华播放了大马力燃气轮机机组总成试验的录像;在席间,他们的交谈也是围绕着这个主题。当鲍劲源说起这个项目的成功是吴仲华理论的运用示范时,吴仲华听后默默无语、久久凝视窗外。李敏华则不无惋惜地说:"肝癌开刀时,吴孟超就说病因起于半年前的过度劳累,算起来正好是项目最紧张的时候。'文化大革命'时他身体不错,现在刚刚可以发挥作用却又生病了。命运就是这样捉弄人。"然而吴仲华立刻把话锋转开了[②]。他要加紧把手头已有的任务、心中筹划的工作做好做完,要把失去的时间找回来。李敏华体会他的心情,所以一边努力照顾他的身体,一边尽量为协助他的工作出力。他们的工作强度还是相当高的,他们的工作节奏从下面的时间表中可见一斑。

1990年夏,吴仲华应邀赴美讲学,李敏华全程陪同。按照美国航空航天局(NASA)的建议,他们主要在克莱森大学(Clemson University)做学术访问,为期四个月。在NASA刘易斯研究中心的赞助下,吴仲华

---

① 永恒的回忆。中国科学院工程热物理所内部资料。

② 同①。

在那里系统地讲解了叶轮机械三元流动理论，讲授的内容由NASA派人进行全程录像，然后整理、出版，并以此专著作为NASA对员工的培训教材。尽管这部篇幅长达244页的《亚声速和跨声速叶轮机械中二元和三元旋转流动的通用理论》在三年后（1993年）才正式面世，但是它为吴仲华和李敏华这次访美活动留下了一个永久的记录。在美期间，李敏华还陪同吴仲华访问了他们曾经工作过的NASA刘易斯发动机研究中心以及辛辛那提大学，在这些短期访问中亦向相关研究人员做了学术报告。随后他们飞往欧洲，在6月11日参加了在比利时布鲁塞尔举办的第35届国际燃气轮机与航空发动机大会暨展览，这次活动持续了四天，李敏华一直陪同着吴仲华。在比利时期间，他们还一起到冯·卡门航空研究所（VKI）进行学术访问。在这间国际著名的航空发动机研究所，他们受到了全体研究人员的热忱接待。1990年秋，吴仲华和李敏华又在工程热物理所研究员林汝谋和蔡睿贤的陪同下，去新疆油田参加燃气轮机应用研讨会[1]。他们先乘飞机抵达乌鲁木齐，然后到喀什，再坐汽车经过英吉沙，最后到塔克拉玛干沙漠西边的泽普。他们连夜乘车穿越沙漠，长时间颠簸在简陋的公路上，又饥又渴，连林汝谋等中年人都感到疲惫不堪，我们可以想象肝癌手术后的吴仲华是以多大的毅力完成这个艰苦旅途的。到了现场，吴仲华不顾长途跋涉后的身体虚弱，立即出席研讨会，而且激情鼓励油田同志不要因为燃气轮机出现了一些问题就动摇，他以"盆底理论"形象比喻新事物的发展规律："见到盆底，高潮就不远了"。年届73岁的李敏华一直坚持陪伴着吴仲华。他们这种精神激励着同行的人们，林汝谋在诗中写道："凝视先生凛冽容，碌碌无为心何安"。1990年年底，吴仲华和李敏华共同署名，向国务委员、国家计委主任邹家华呈报《我国要尽快开始建造一体化煤气化联合循环（IGCC）装置》的建议报告。1991年，吴仲华又开展了整体煤气化联合循环洁净煤发电技术的研究，并派遣他的助手到美国、日本等地考察与进修，组织完成了《简化煤气化燃气蒸汽联合循环装置（简化IGCC）》的可行性研究，随

---

[1] 永恒的回忆。中国科学院工程热物理所内部资料。

图 9-2 李敏华陪同吴仲华访问比利时冯·卡门航空研究所

后还亲自到能源部、机械部去做报告,全面介绍国外的进展、做法和在我国开展这项工作的思路。在这些工作的基础上,吴仲华和李敏华又于 1992 年 7 月向中国科学院副院长胡启恒提交了《我国开展整体煤气化联合循环(IGCC)方面工作的具体建议》,洋洋数万字表达了他们对于这项高效率、低污染的洁净燃煤发电技术的重视以及迫切期待在我国早日实现 IGCC 示范项目的愿望。这份报告是吴仲华临终前住在北京医院期间和李敏华共同撰写完成的[1]。应当说,关于整体煤气化联合循环的建议是李敏华和吴仲华一生中唯一一次由两人共同署名的研究成果,这是吴仲华对李敏华在形成这两份重要报告中所付出精力的认可,是他们携手合作为推进中国洁净能源事业发展所做的最后奉献。在吴仲华最后的岁月里,李敏华就是这样伴随着他继续前行,把全部身心和所有智慧贡献给国家和民族。

---

[1] 吴仲华传。中国科学院工程热物理所内部资料。

老骥虽伏枥　不忘科研事

不言而喻，吴仲华的患病与逝去使李敏华身心俱伤，加之自己年事渐高，如何工作与生活是李敏华将要面对的又一个挑战。对此，她的回答是：继续在疲劳等问题的研究领域里探索。她依然接课题、带学生、发文章，坚持在她挚爱的力学研究领域里工作着。20世纪90年代，她先后申请到"超载对应变集中低周疲劳寿命影响的弹塑性分析方法"（1992—1994）和"超载对低周疲劳试件晶体滑移线的影响"（1994—1996）两项国家自然科学基金面上项目[①]，并先后指导三名硕士研究生。在平面应力问题的循环载荷有限元分析研究中，李敏华提出用全量应力—应变关系和分段幂函数来近似实际疲劳循环曲线的模型（简称为"分段全量应力—应变关系模型"），并指导研究生编制了平面应力问题程序，所得结果和实验结果一致性较好。接着，她又指导研究生发展了三维问题的计算程序，用以求算疲劳载荷作用下试件的应变分布和应力分布。可以看到，在这个时期，李敏华对疲劳的研究已经转向超载的影响方面。所谓"超载"，就是对工程结构施加一个大载荷，一般它大于工程结构在服役过程中的最大负荷。超载可以有简单超载和周期超载两种形式，前者是在工程结构服役或疲劳实验前施加一次或若干次大载荷，后者则是在整个疲劳过程中每隔一定时间（或循环次数）就施加大载荷。周期超载更接近工程结构的实际服役条件，例如喷气发动机的每次启动就相当于周期加载。此外，工程构件往往带有缺口，载荷一般是变幅的，而且疲劳是随机的。以上这些情况，在她的超载研究中均有涉及，这表明她仍然是以实际工程的需求作为自己的研究背景。当然，超载课题的选定就是李敏华出于要把疲劳研究和工程应用联系起来的考虑。众所周知，工程界最关注的是估算工件疲劳寿命的方法和延长工件疲劳寿命的措施。为了给出更为完善的疲劳寿命估算

---

① 力学所文档1993-03-004，1994-03-003。存于中国科学院力学所档案室。

公式，必须考虑疲劳载荷谱的高低幅值的顺序（许多实际运行状态便是先高后低的"超载"情况）；而且超载又是延长疲劳寿命的一种经济有效的方法，特别是大尺寸的复杂结构。所以，研究超载及其对材料疲劳性能的影响在理论和应用两个方面都有重要意义。然而，超载影响疲劳寿命的因素很复杂，前人研究的结论也很不统一，疲劳寿命既与材料性质有关，也与工况条件有关，因此李敏华认为一方面要拓宽超载研究范围，另一方面要开展超载微观机理研究。特别是对于后者，力学家需要和材料学家紧密结合、携起手来共同探讨，所以李敏华特地招收了材料专业的毕业生做研究生，同时与材料科学的学者王中光、顾守仁等人密切合作。在她指导的研究生论文中，不仅要求做出试件的概率—应力幅—疲劳寿命曲线，而且要求在光学显微镜下观察疲劳滑移带的特征，这是她探索将材料的宏观疲劳寿命和其微观组织结构关联起来的努力[①]。基于这个考虑，李敏华指导学生和助手进行了超载对圆孔铝合金薄板试件疲劳寿命影响的实验研究，重点研究拉－拉低周疲劳，得到了超载60%使疲劳寿命增加三至四倍的结果。她还进行了圆缺口小板抛光的铝合金试件的超载对试件晶粒滑移线影响的研究，观察到在超载60%的情况下，试件出现由交叉滑移引起的细而密的滑移带，还发现了超载滑移带对主载滑移带的发展起阻碍作用的现象。这在一定程度上解释了超载使疲劳寿命增加的原因。

如前所述，1988年吴仲华施行了肝癌手术，在必须"分心"照顾吴仲华身体、协助吴仲华工作的情况下，李敏华尽其所能地开展上述理论与实验研究。特别是当时的研究生已经不像"文化大革命"后第一批学生那样自觉努力了，而且出国风盛行，管理起来比较困难。每当她外出时，总是要反复叮咛协助她进行研究生日常管理的毛天祥，仔细告诉他如何指导研究生和助手进行工作。例如，1991年7月20日，当她陪伴吴仲华赴北戴河参加全国人大常委会议时，专门打电话给毛天祥，告知自己的联系方式（地址、电话、作息时间），并对李静疲劳试验、吴阜肤云

---

① 力学所资料室文档28387、29733。存于中国科学院力学所档案室。

纹试验等五项工作做了具体安排。1991年9月29日,当她陪同吴仲华外出时,还托付中华公司一位回京的同志带给毛天祥一封匆匆写就的手书,其中写道:

> 关于拉压实验第二个问题——楔形块的问题,先不管它。第一个问题,我想夹板不能太紧,否则摩擦力太大。因拉压疲劳弯曲是不可避免的,当然横向位移不能太大。是否可先用手拧紧Ⅰ、Ⅱ、Ⅲ、Ⅳ,再用扳手略拧一点,不要拧紧。然后用手拧1、2、3、4。(见附图)(1)再做一次±4000kg常幅实验,(2)以后再做一次±4000/1.6kg的常幅实验,(3)超载实验:主载±4000/1.6kg、超载±4000kg,超载次数是否20次?看结果如何。另外再做一个实验,加夹具后(拧法同前)做一个+100—±6980拉-拉常幅实验,以便和不用夹具的拉-拉实验结果比较。根据这些结果再定下一步如何做。接信后,除李静实验优先外,先做这几个实验。电话告我实验结果。同时要小吴、小阚贴云纹片。这四个实验做完后,接着她们做拉-拉疲劳的应变分布实验。另外每天都要催李静赶快做好抛光。

这些细节折射出李敏华对事业的执着,对工作的认真,对学生的严格要求。和过去一样,李敏华对学生总是既严格要求又关心爱护,特别是对他们的成长与发展尽心帮助,尽力推荐学生出国深造便是一例。1992年在年届75岁高龄时,她还写信给美国加州大学戴维斯分校(UC Davis)的土木工程教授和调查委员会主席,回复他关于考虑任用她曾经的学生陈其业为该校土木工程计算力学教研室成员的请求,并认真进行推荐。又如,1994年她给美国雪城大学(Syracuse University)的Emeritus教授刘浩文(Hao-wen Liu)去信,希望接受李静做研究生。

在年届耄耋之时,李敏华依然担任研究所和学界的各种学术职务:1988年、1990年和1992年,她连续三次被任命为力学研究所第三届、第四届和第五届学位评定委员会委员(每届任期两年);1988年,被任命为力学研究所第六届学术委员会名誉委员;1998年、2002年、2006年和

2011年，连续担任中国力学学会第六届、第七届、第八届和第九届理事会名誉理事。

在年届耄耋之时，她依然参与学术界的许多研讨活动：1993年，她出席在厦门召开的第六届全国疲劳学术会议，就超载问题作大会报告；1994年出席在力学研究所召开的21世纪中国力学研讨会，和与会代表一起讨论当代力学的发展趋势、中国力学现状及"九五"发展设想。

在年届耄耋之时，她依然参与社会上与学术界的各类活动：1988年出席第七届全国政协会议并当选第七届全国政协委员（任期1988—1993年）；1997年出席南京金陵中学吴仲华塑像落成典礼、力学研究所举办的"庆贺李敏华院士80华诞"活动，并参加清华十一级毕业60周年庆祝大会；2005年出席"庆贺黄茂光教授90华诞"活动，还为纪念文集《固体力学进展及应用》题赠"学海探索添华彩，教书育人树英才"手迹；2007年7月参加工程热物理所"纪念吴仲华先生诞辰90周年"活动，并出席吴仲华塑像落成仪式；2007年11月出席力学研究所"庆祝李敏华院士诞辰90周年"活动。

图9-3 李敏华参加南京金陵中学吴仲华塑像落成仪式

在年届耄耋之时，她继续获得各种奖励和殊荣：1990年，作为力学所第一批获准的六人之一，开始享受国务院颁发的政府特殊津贴；作为卓有建树的科学家，其事迹先后入选《华夏妇女名人词典》《中国女院士》《中国科学技术专家传略·工程技术编·力学卷2》《固体力学进展及应用——庆贺李敏华院士90华诞文集》《教育之桥——清华到麻省理工》等人物传记，其学术成长经历与事迹为后辈学人提供了一笔宝贵的精神财富。

图9-4 李敏华和儿子吴明一起在工程热物理所吴仲华塑像前留影

桃李满天下　百业竞奉献

随着年事增高和体质衰退，李敏华不得不彻底告别她为之奋战一生的科研领域。2012年9月，经医生诊断，李敏华大面积脑梗、脑萎缩并患有椎体外系综合征。然而，李敏华的事业和精神在她培养过的助手、教授过的学生、指导过的研究生中一代代地传递着。

李敏华回国后50余年的学术生涯中，在力学所、工程力学研究班和中国科学技术大学直接师从于她的学生超过200名。多年来，这些学子像李敏华一样奋战在各个不同的部门和领域，有的在高等院校做教学工作，有的在科研单位做研究工作，有的在工程部门做生产工作；有的研究航天，有的研究船舶，有的研究水利，有的研究军工；有的是教授，有的是研究员，有的是工程师，有的是管理者。他们的足迹遍布祖国大地，他们的身影也撒落世界各地。真可谓是"桃李满天下"！更加可以告慰李敏华的是，她的弟子们都没有辜负她的辛勤培养，他们做到了"百业竞奉献"，即使在国外，她的弟子们也做出了令人刮目的成绩：陈其业进了美国波音公司，成为一名出色的大型飞机设计师；屠美容工作在美国航空航天局，参与了水星飞行器的发射；李英治在荷兰电力研究院，利用当年的塑性力学知识处理了燃汽轮机叶片的各向异性蠕变和疲劳难题；李国安在美国获得了博士学位，现已成为哈佛大学医学院的正教授。这里，人们不免要问：为什么大师能够培养出杰出人才？其实，就如李敏华对毛天祥一再教导的那样：

> 做研究工作不能为文章而文章，一定要解决实际问题。一定要有新东西（You have to have something new）……论文写好之后不要急着发表，先放到抽屉里，过一个星期再拿出来看看，一定会发现不足之处。

这是李敏华对待研究工作的态度，按照这种方式从事，坚持创新和严谨，必将取得成功。

春蚕丝尽

李敏华为了祖国和民族的复兴与富强，为了新中国近代力学事业的建设与发展，奉献了全部的知识、智慧和精力甚至整个生命。2013年1月19日上午10点10分，她在家中平静离世，享年96岁。真是"春蚕到死丝方尽"！

当然，人民不会忘记李敏华为祖国和民族的复兴与富强、为新中国近代力学事业的建设与发展所做的一切。2013年1月27日上午10点，李敏华遗体告别仪式在八宝山梅厅举行，各界人士用不同的方式表达了他们对于这位力学大师的尊敬与怀念。中国科学院院长、中国科学院学部主席团执行主席白春礼在唁电中写道：

李敏华院士是我国著名的固体力学专家，是我国塑性力学的开拓者。李先生一生爱国奉献，坚忍不拔，开拓创新，贡献卓著！李敏华先生的逝世是我国科技界的重大损失。李敏华先生爱国奉献、艰苦奋斗的高尚情操和严谨治学、积极进取的科学精神，将永远激励年轻后学继往开来、勇攀科技高峰。

中国科学院基础科学局在唁电中写道：

李敏华先生是力学所的创所元老之一，并参与了中国科技大学近代力学系的筹建，是我国塑性力学的开拓者。李敏华先生的一生品格可用"爱国、奉献、创新"来概括，她的科学精神和人格风范给力学所留下了一笔宝贵的精神财富。

中国科学技术大学工程科学学院在唁电中写道：

李敏华先生是国内外享有盛誉的固体力学专家，是我国塑性力学学科的创始人之一，也是一位杰出的教育家。1958年中国科学技术大学创建时，先生参与了近代力学系的规划和建设，担任我系固体力学教研室首任主任，亲自制定和多次修改固体力学专业的教学计划，为专业的建立和发展做出了巨大的贡献。先生悉心培养青年教师，为学生讲授塑性力学课程，指导学生毕业论文，培养出了一大批优秀的力学人才。

中国科学院工程热物理研究所在唁电中写道：

李敏华先生一生治学严谨、与国家命运紧密相连，刻苦学习成为美国麻省理工学院工科方面第一位女博士，克服重重困难与吴仲华先生回到祖国报效国家。李敏华先生不仅为工程热物理学科、中科院工程热物理研究所的创建和发展做出了巨大贡献，更为工程热物理及力学学科的发展融合发挥了重要作用。李敏华先生孜孜不倦的探索精神、谦虚谨慎的治学作风、饱含深情的爱国情怀将永远激励年轻后学继往开来，不断进步。

毛天祥在唁电中写道：

回想起与李敏华院士在一起五十年来的往事，历历在目。特别是2011年承担了"老科学家学术成长资料采集工程"项目以来，通过采集李敏华先生生前的翔实而珍贵的资料以及采访李敏华先生在各个不同时期的同学、同事和学生，对李敏华先生的热爱祖国与民族的热情、献身祖国科学事业的精神和严于律己、宽以待人的品德有了更加深刻的认识。

屠美容、陈其业和李英治在唁电中写道：

李敏华先生是我国塑性力学研究的前驱。她的去世不仅是力学界损失了一位泰斗级的领军人物，也让我们失去了一位恩师和仁慈的长者。我们有幸成为李敏华在"文化大革命"后的第一批学生。先生在学术视野、科学精神、做人做事等多方面给予我们无微不至的关怀和教诲。三十五年来时光流逝，积淀越浓感受越深的是先生爱国情怀、献身科学、虚怀若谷的崇高品格。先生的高德懿行是留给我们的巨大精神财富，让我们受益终生。

李国安在唁电中写道：

李先生的精神代表了一个时代，是他（她）们陪伴共和国度过了艰难岁月。

斯人已逝，风范长存！碧空丹心，辉照后学！李敏华先生可以安息了，您的精神将永留人间！

结 语

通过资料采集与分析研究，采集小组对李敏华的学术成长经历特点做出如下几点认识：（1）大师们的成长与其生活时代息息相关。李敏华生于国难、长于忧患，又有一位开明的母亲，并就学于振华女校、务本女中、清华大学、西南联大以及美国麻省理工等名校，受惠于名师教导，这是她成长的背景环境，应当说家庭、学校与社会环境是孕育大师的温床。（2）个人品格、气质与天赋影响大师学术成就的获取。李敏华的正直奋进、执着坚毅、聪颖好学的个人秉性是她得以不断在学海中探求拓进的内禀特质。而且，作为一名女科学家，她自幼形成的"妇女要平等、要独立"的理念一直支撑着她的行为，与吴仲华"相濡以沫，共同奋斗"的状态一直支撑着她的事业。（3）作为著名的固体力学家，李敏华能够攻克学术上的一个个难关，在塑性问题的求解方法、结构强度的分析、疲劳失效机制研究等方面做出重要贡献，与她师承应用力学哥廷根学派密切相关。不仅她的研究课题都来源于工程实际并应用于工程实际，而且在研究中她总是强调理论与实验的紧密结合。她不仅自己坚持这种应用力学学派的作风，也用这样的原则要求自己的学生和助手。我们期待后学们能够从李敏华的学术成长经历中汲取所需的精神财富，为成就国家科学事业的不断推进做出应有贡献。

附录一　李敏华年表

1917 年

11 月 2 日，出生于江苏省苏州市（吴县）一个普通的职员家庭，父亲李寿萱、母亲朱惠石、姐姐李瑞华。母亲有着强烈的反封建意识，对两个女儿的学识和品德教育十分重视。

1923 年

9 月，进入苏州振华女中附小学习。

1924 年

3 月，随家人搬至上海，先后在上海函德小学、圣玛利亚小学和卿云小学等校就读。

1925 年

5 月，"五卅惨案"发生后，开始萌发爱国意识。

1929 年

9 月，进入上海务本女中学习并寄宿学校。

1931 年

2月，转学到上海培成女中读书。

9月，考回上海务本女中继续读书。"九一八"事件后，参加了罢课、游行、示威、宣传等一系列学生运动。

1932 年

1月，"一·二八"事件爆发后，在老师的组织下参加了军事训练、募捐等活动。

1934 年

11月，作为学生会干事，反对校长聘任的教务主任，从而被休学，进而引发同学罢课形成"务本学潮"。两周后校方被迫同意复学。

1935 年

7月，从务本女中普通科毕业。

9月，考入清华大学化学系，成为"清华十一级"学生。

12月，和清华同学一起参加"一二·九""一二·一六"等学生运动，包括冲击西便门、前门集合、追悼郭清罹难等活动。

1936 年

在清华大学继续学习，并结识了吴仲华。

参加了由民族先锋队领导的妇女救国会，从事下乡宣传、慰问以及义务小学教课等工作。

1937 年

7月，回上海家中过暑假。

9月，转入清华大学机械工程学系学习，在二年级续读。由于京津失陷，依照清华内迁安排，由上海直接赴长沙进入国立长沙临时大学就读。

1938 年

2 月，要求参军抗日未被核准，随长沙临时大学西迁昆明。

5 月，在西南联合大学工学院航空工程学系三年级就读（军事工程）。

1940 年

7 月，从西南联大（清华大学）毕业。学士论文为《飞机机翼弯矩和映像的图解法（Graphic Solution of Bending Moment and Reflection in Airplane Spars）》。当年航空系只有一名毕业生。

8 月，留在昆明西南联大航空工程学系任助教和教员，讲授飞机结构及材料力学。

1943 年

2 月，参加第八届庚款留英考试，但未被录取。随后，一方面继续准备考公费留学，一方面发函至美国麻省理工学院和密歇根大学申请入学证明及奖学金，并先后收到两校的入学证。

4 月，与吴仲华结婚，一面调理身体，一面准备自费赴美留学。

11 月，与吴仲华一起赴美求学。

1944 年

2 月，抵达美国东海岸，在纽约上岸。

2 月 22 日，长子吴明出生。因病和分娩在家休养数月。

7 月，在美国麻省理工学院（MIT）注册申请攻读科学博士学位。

1945 年

3 月 16 日，获准改读科学硕士学位。

6 月 8 日，被遴选为西格玛 Xi 学会麻省理工分会的副会员。

6 月 21 日，被推荐申请工程力学硕士学位。研究课题是用散射光弹解轴扭转的问题，将散射光的特性、散射光弹原理与轴扭转问题的特点相结合，提出了一个用散射光弹解决轴的扭转问题的简单新方法，得到了应变分布。

6月25日，获得工程力学硕士学位，论文题目为《散射光的光弹性法求任意截面的轴在扭矩作用下的应力（A Photoelastic Method Utilizing Scattered-Light to Determine Stresses in Shaft Having Any Cross-Section）》。

7月，申请攻读科学博士学位，在著名振动专家邓·哈托教授的指导下从事博士论文工作，研究课题是关于"变系数非线性弹簧系统的亚谐共振"（Subharmonic Resonance of System Having Non-Linear Spring with Variable Coefficient）问题。

9月29日，次子吴定出生。

1946年

6月4日，通过了攻读机械工程专业博士的资格考试。

7月6日，通过博士资格的数学要求。

9月30日，注册听取《采用机械方法的数学分析（Mathematical Analysis by Mechanical Methods）》课程。

1947年

2月6日，申请停学两个学期（1946—1947学年春季学期和1947—1948学年夏季学期）。

7月，得到了亚谐振动的解法，还给出一个算例。邓·哈托教授进一步要求对初始相位差的整个范围进行计算。

8月，举家迁至克利夫兰城，为工作需要，夫妇二人开始申请为"居留民"（绿卡）。

9月，重新注册，在麻省理工继续进行1947—1948学年秋季学期的学习。

1948年

5月1日，通过博士资格的外语（德语）要求。

5月8日，推荐申报科学博士学位。

5月24日，提交题为《可变系数的非线性弹簧系统的亚谐共振

（Subharmonic Resonance of System Having Non-Linear Spring with Variable Coefficient）》的博士学位论文，并通过研究领域的最终考试。

6月11日，获得博士学位，成为麻省理工学院工科的第一位女博士。

1949 年

1月，在美国航空咨询委员会路易斯飞行推进实验室的应力与振动研究部任航空研究科学家，开始塑性力学的研究工作，主要的研究课题是"燃气轮机涡轮盘强度分析（塑性变形）"。时长两年八个月。

6月14日，参加在密歇根大学召开的第三届应用数学弹性学术会议。

1950 年

9月8日，出席在美国布朗大学召开的第三届塑性年度会议，并宣读论文《论应变硬化区中轴对称平面塑性应力问题（On Plane Plastic Stress Problem with Axial Symmetry in the Strain-Hardening Range）》。

1951 年

1月，担任美国航空咨询委员会路易斯飞行推进实验室技术部成员。先后撰写完成三篇署名 Lee Wu MH 的 NACA 技术报告。

6月，出席美国第一届全国应用力学大会，宣读论文《变系数非线性弹簧系统的亚谐共振（Subharmonic Resonance of System Having Non-linear Spring with Variable Coefficient）》。

9月5日，因朝鲜战争爆发，从 NACA 辞职为回国做准备，全家搬到纽约居住。

10月，鉴于不可能立即离美，决定向布鲁克林理工学院谋取工作职位。

1952 年

6月19日，出席在美国宾州召开的应用力学会议，宣读论文《具有径向不均匀金属材料性质的旋转盘的一个简单解法（A Simple Method of

Determining Plastic Stresses and Strains in Rotating Disks with Nonuniform Metal Properties)》。

9月，在美国布鲁克林理工学院航空工程和应用力学系任研究教授并担任研究组组长，从事热冲击应力方面的研究。

9月3日，接到美国金属学会主席的来信，邀请其参加美国金属大会。

10月，出席在美国费城召开的全国金属学术会议。

12月，先后完成《热冲击下的塑性应力和应变》《在半无限体和半无限板的应力波的反射系数》《细长圆锥杆件中的应力波》和《纵向截面形状类似于贝壳的平板中的应力波》等研究报告。

12月，论文《径向不均匀材料性质的旋转盘的一个简单解法（A Simple Method of Determining Plastic Stresses and Strains in Rotating Discs With Non-uniform Metal Properties)》发表在美国《应用力学杂志》。

1953年

2月12日，接到美国布朗大学第四届塑性会议主席邀请其参加会议的信。

5月15日，被遴选为西格玛 Xi 学会布鲁克林理工学院分会的会员。

6月，利用暑假全家在美国国内旅游。

9月，出席在布朗大学召开的第四届塑性力学会议，并宣读论文《旋转盘径向材料性能的不均匀性对于它的塑性形变的影响（Effect of Radially Non-uniform Metal Properties on Plastic Deformation of Rotating Disk)》。

12月，与布鲁克林理工大学的 E. L. Midgette 教授合作，完成"截面为线性变化的弹性棒在冲击载荷下的应力波研究"（Study of Stress Wave Travel in Elastic Bars of Varying Cross Section and Shape）课题，并提交了四份季度报告和一份最终报告。

1954年

8月1日，与吴仲华一起带两个儿子以旅游之名乘飞机离开美国，绕道欧洲回国。其间曾参观英国、联邦德国、瑞士以及苏联的大学、研究所和工厂。

11月，由满洲里入境回国。因吴仲华生病做手术，在满洲里住了几个星期。

12月2日，抵达北京。

1955年

2月，在教育部招待所学习，时长两个月。

4月1日，吴仲华任清华大学动力工程系教授兼系副主任。全家入住清华大学新林院71号。

5月14日，进入中国科学院数学研究所，参加由钱伟长领导的力学研究室工作，任副研究员。暑期，担任塑性组组长。

9月，随力学研究室搬到中关村中国科学院化学研究所新建大楼的四楼东侧，开始介入建设固体力学实验室的筹备工作，进行交变加载试验的准备。

10月，在清华大学讲授塑性力学课程，听课者多为北京各院校的教师，并负责指导清华一名助教从事研究工作。

11月，继续被任命为塑性力学组组长，该研究组的方向为弹塑性本构关系，在1956—1958年以"金属在高温下的塑性理论"为研究重点。

1956年

1月9日，《人民日报》头版刊登文章《控诉美国政府迫害留美中国学生》，与吴仲华一起在控诉书上署名。

1月12日，加入北京市工会联合会。

1月16日，中国科学院力学研究所正式成立，由数学所转入力学所工作。任塑性力学组组长、副研究员。

2月，在力学所组织关于塑性力学文献的学术讨论会，每周一次，历时约半年。同时指导青年研究人员进行研究工作，具体培养高镇同、董振、刘正常、叶均道四人。

9月，招收两名研究生范元勋、薛大为（后薛大为调换给钱寿易做研究生）。

9月26日，收到中国科学院院长郭沫若的聘书，担任力学研究所第一届学术委员会委员。

承担三项研究课题：金属在高温下的塑性理论文献总结；二维塑性应力集中问题；正负向交变加载下的塑性形变。上报研究成果"塑性大应变的轴对称平面应力问题在金属硬化区的解法和一般性结果"。

1957年

1月25日，《人民日报》正式颁布国家首届自然科学奖的获奖者名单，"塑性大应变的轴对称平面应力问题在金属硬化区的解法和一般性结果"获得三等奖。

2月5日，出席第一次全国力学学术报告会，在塑性力学分组会上宣读论文《材料的应力应变关系对于塑性平面应力问题的解的影响》。

2月10日，担任新成立的中国力学学会副秘书长（任期1957—1982年）、常务理事（任期1957—1986年）、理事（任期1957—1990年），固体力学专业委员会副主任委员（任期1957—1986年）。

2月，担任新创刊的《力学学报》编委（任期1957—1979年）。所著论文《材料的应力应变关系对于塑性平面应力问题的解的影响》刊载在《力学学报》创刊号中。

2月，开始为力学研究所与清华大学合办的工程力学研究班讲授塑性应力应变关系（1957—1959年）。

3月，在1957年第2期《中国妇女（英文版）》发表文章《我在祖国看到了什么（What I have Seen in my Motherland）》。

5月7日，担任中国科学院力学研究所学术委员会委员，并出席第一届学术委员会第一次会议。

5月11日，出席留学生联欢会。和吴仲华一起见到了周恩来总理，并受到周恩来总理的亲切鼓励。

5月30日，出席中国科学院学部委员会第二次全体会议闭幕式和1956年度中国科学院科学奖金的授奖仪式。后将科学奖金全部用于购买公债。

7月17日，作为中国青年代表团成员，参加在莫斯科举行的第六届世界青年与学生和平友谊联欢节，8月11日返回。

8月，赴比利时参加在布鲁塞尔召开的第九届国际应用力学大会，宣读论文《材料的应力应变曲线对于具有大塑性变形的塑性平面应力问题解的影响（Effect of Stress-strain Relations of Material on Solution of Plane-stress Problems with Large Plastic Deformation）》。

9月9日，出席中国妇女第三次全国代表大会，被选为第三届全国妇联执委（任期1957—1978年）。

9月27日，出席力学所第十二次所务会议，讨论招考研究生、选派留苏学生等问题；负责拟定力学所研究生考试科目"材料力学"的考题。在常温下塑性理论的研究上取得成果，讨论了在小弹塑性范围内关于应力应变关系的现有理论的适用性；在常温塑性的实验研究上，装置了复合应力试验机并进行了校核，试制了薄管试件；在二维塑性应力集中问题上，进行了铝试件的初步试验。晋升为研究员（研究3级）。

1958年

1月2日，接到波兰科学院W. Olszak教授的来信，受邀参加国际理论与应用力学联合会（IUTAM）定于9月2—6日召开的弹塑性中非均匀性学术讨论会（Symposium on Non-Homogeneity in Elasticity and Plasticity）。

1月9日，出席第十三次所务会议，讨论力学所的时间安排、题目组设定、1958年研究计划等问题，并决定由研究组长负责提出下属题目组名单。

2月12日，接到天津大学教师杨海元的来信，信中谈及"工程力学研究班专题实验进行计划"的修改问题。

2月16日，出席第十四次所务会议，讨论通过试行力学所题目组制度。但到8月以后，研究工作的指导模式从"学科带任务"改变为"任务带学科"。课题研究组制度不复存在。

4月，在《力学学报》发表学术论文《塑性应力应变关系总结》。

5月，提交论文《非均匀硬化材料受有内压的厚壁圆筒分析》。

5月18日，在钱学森主持的力学所第十七次所务会议上，确定了所内学科规划及中国科学技术大学力学系相应专业教学工作的分工。被指定负责塑性力学（所内学科）和高温固体力学（二专业）的相关工作；开始主持中国科学技术大学力学系二专业的创建工作，包括二专业的培养目标、专业基础理论课、技术基础课和专业课的设置比重及具体内容、专业课的教学大纲（或教学要点）以及讲授方式、应建立的实验设备等。正式担任教研室主任，组建教师队伍并亲自授课。

8月，被编入力学研究所第一设计院发动机部的涡轮泵组，从事火箭涡轮泵中燃气轮机强度设计工作。

9月，未能出席IUTAM在波兰华沙召开的学术讨论会，会议组委会将其提交的论文《内压作用下厚壁圆柱的非均匀应变硬化（Thick-walled Cylinder with Non-homogeneous Strain-hardening Characteristics under Internal Pressure）》的详细摘要刊登于会议文集。

1959 年

12月，十二室成立，属于力学所二部，研究方向为高温结构。先后任十二室业务副主任（任期1959—1961年）、主任（任期1961—1964年、1978—1984年）。

提交力学所研究工作报告：（1）《高压圆柱形厚壁容器大塑性变形下的简单解法》；（2）《圆孔薄板在单向拉力下的塑性应变集中》；（3）《塑性应力集中》。

1960 年

7月，《硬化材料的轴对称塑性平面应力问题的研究》正式出版。

1961 年

5月，在钱学森主持下，力学所与国防部五院开始了接力式研究的合作模式，五院陆续下达了101-105任务。负责组织十二室人员承担103任务。

6月，完成力学所研究报告《工字梁在弯矩和热应力作用下的塑性弯曲》，并在与五院的交流会上宣讲。

1962 年

2 月，经 1962 年第二次院务常务会议讨论，被任命为力学研究所所务委员会委员。

6 月，在《力学学报》发表论文《对塑性变形问题的一些看法——并答王仁同志的书评》。

6 月，完成力学所研究报告《非均匀材料性能工字梁在大应变情况下的塑性弯曲》。

9 月，招收研究生张双寅。

1963 年

2 月 5 日，接受中国科学技术大学郭沫若校长聘请担任近代力学系教授。

6 月，编撰完成在中国科技大学近代力学系授课使用的铅印讲义《塑性力学讲义》。

9 月，招收研究生何明元。

9 月 23 日，与李旭昌合作完成论文《叶轮各点同时到达材料许用应力的设计方法》，在大连举行的极限设计和塑性力学学术会议上宣读。

1964 年

2 月，当选为中国航空学会理事（任期 1964—1979 年）。

9 月，招收研究生毛天祥。

11 月，当选为第三届全国人民代表大会山东省代表（任期 1965—1978 年）。

完成力学所研究报告：（1）《非均匀材料性能梁的塑性弯曲》，并在 1964 年航空学会成立大会上宣读；（2）《梁在受热受力下的弹塑性弯曲》，修改后在《航空学报》发表。

1965 年

2 月，参加力学研究所社会主义教育运动，代表高研组向"四清"工作队反映有关情况与意见。

3 月，具体领导十二室四组，承担加筋板热变形课题（国防部五院协作课题）。

5 月，提交力学所内部研究报告：（1）《非均匀温度梁的弹塑性弯曲》（合作者李旭昌、卢锡年）；（2）《梁在受热受力下的弹塑性弯曲》（合作者李旭昌、卢锡年）。

6 月，在《航空学报》发表论文《梁在短时受热受力下的弹塑性弯曲》。

8 月，参加山西永济卿头公社"四清社教"工作，时至年底。

1967 年

7 月，在"文化大革命"的"清理阶级队伍"期间受到隔离审查。

1970 年

3 月，全家搬至中关村 44 楼 206 号居住。

5 月，参加施工连，劳动两个月。

7 月，在北京起重机厂参加车间的劳动，时长四个月。

1973 年

1 月，在《力学情报》发表文章《板壳的蠕变屈曲、热屈曲和热变形》。

6 月 19 日，参与接待冯元桢、赵继昌、徐皆苏和田长霖等美籍华人科学家组成的访问团。当晚郭沫若院长在人民大会堂设宴招待，钱学森、吴仲华出席作陪。

8 月 23 日，在北京饭店设宴接待外国学者及其家人一行。

从事"歼 6 航空燃气轮机涡轮轴故障分析"研究，承担"在扭矩作用下的应力分析"课题（1973—1975 年）。

1975 年

11 月，与三机部 611 所等单位签订任务书，主要内容有：（1）蠕变屈曲；（2）蠕变应力分析；（3）蠕变与高速飞机的关系。随后，签订协议书并开展工作。

1976 年

5 月 25 日，次子吴定因白血病去世。

1977 年

2 月，国家决定恢复研究生招收、培养制度，李敏华被指定为研究生指导教师。

11 月 21 日，出席北京市第七届人民代表大会。

12 月 8 日，带队赴罗马尼亚考察固体力学研究工作。

12 月 20 日，给美国麻省理工学院卞学璜教授以及美国加州大学洛杉矶分校的林同骅教授发函，联系派遣访问学者事宜。

1978 年

3 月 18 日，全国科学大会召开。研究成果"涡喷六发动机轮轴在扭矩作用下的应力分析"获中国科学院重大科技成果奖。

8 月 10 日，出席在北京友谊宾馆召开的全国力学学科规划会。

8 月 19 日，出席钱学森主持的中国力学学会第一届常务理事会扩大会议。

9 月，招收"文化大革命"后第一批研究生，共有陈玳珩、陈其业、缪经良、任其全、李大伟、李芳忠、屠美容、刘国玺、梁乃刚、李英治 10 名（其中四人分配给十二室的中年研究人员指导，另有两人直接派往国外留学）。

9 月 8 日，出席中国妇女第四次全国代表大会，当选为第四届全国妇联执委（任期 1978—1983 年）。

1979 年

2 月 15 日，给林同骅教授去信，讨论用力学方法研究疲劳问题及派遣访问学者之事。

3 月 5 日，给卞学鐄教授发函联系何明元和毛天祥访美事宜。

3 月 19 日，接到卞学鐄回信，讲明对何明元访美的安排。

4 月 2 日，接到林同骅回信，讨论薛以年访美事宜。

5 月 19 日，随中国妇女代表团访问美国，至 6 月 7 日返回。

9 月，当选为中国航空学会第二届理事会理事（任期 1979—1983 年）。

10 月 18 日，屠守锷对《变截面圆轴和任意形柱体扭转问题用任意非正交曲线坐标的新解法、通用程序及其应用》等四篇论文提出评议意见。

10 月 21 日，致函钱学森，事由为请对《变截面圆轴和任意形柱体扭转问题用任意非正交曲线坐标的新解法、通用程序及其应用》等四篇论文提出意见。

11 月 17 日，钱学森在复信中认为："李敏华做了一件有实际意义的工作，是个贡献。"

1980 年

4 月，发表学术论文《变截面圆轴扭转问题用非正交曲线坐标的新解法》。

6 月，发表学术论文《发动机涡轮轴在扭矩作用下的应力分析》。

6 月 19 日，全家搬至中关村 810 楼 202 号居住。

8 月，完成力学所研究报告《两类轴扭转问题在任意非正交曲线坐标方程的共同表达式及解法》，在 1980 年全国计算力学会议宣读并收入会议文集。

承担航空部 410 厂的课题"航空燃气轮机涡轮轴应力分析和计算程序"。

10 月 31 日，参加在北京召开的中国力学学会第一届理事会在京常务理事会。

11 月 26 日，当选为中国科学院技术科学部学部委员。

1981 年

4月6日，出席在美国召开的第22届结构和材料学术会议，宣读论文《采用非正交曲线坐标计算变截面轴扭转的新方法及其应用（A New Method for Torsion of Shaft with Variable Diameter Using Non-orthogonal Curvilinear Coordinates and its Application），》该论文被收录在会议文集中。

4月，与业界同行一起进行国家科委重点课题"材料微观结构和力学性能的研究"的可行性论证，并于6月提交可行性论证报告。作为主持研究工作的三人协调组的负责人，承接国家科委重点项目"材料微观结构和力学性能的研究"（1981—1985年）。

9月，招收硕士研究生张延宏、博士研究生梁乃刚和李英治。

11月，被任命为力学研究所第一届学位评定委员会成员（任期1981—1985年）。

11月，经国务院正式批准，成为首批博士指导教师。

主持力学所重点课题"弹塑性断裂理论和循环载荷下应变集中的弹塑性分析"（1981—1985年）。

主持一般科研课题"发动机涡轮轴的弹性应力分析"。

参加航空部624所高推比航空燃气轮机预研会议，承接"航空燃气轮机涡轮盘和涡轮轴的强度和疲劳"研究任务。

处理力学所十二室购买美国MTS疲劳试验机等事宜。

1982 年

3月21日，接到张强星教授来信，请求其帮助接待加拿大曼尼托巴大学机械工程系N. Popplewell教授夫妇来华访问事宜。

4月，完成力学所研究报告《涡轮轴在扭、拉、弯单项载荷作用下的弹性应力计算报告》。

6月，硕士研究生任其全学位论文《循环载荷作用下的弹塑性分析》通过答辩。

9月，参加在黄山召开的全国第一届疲劳学术会议，宣讲论文《疲劳载荷下应力集中元件的应变分布（Behavior of Strain Distribution of Stress Concentrated Member under Fatigue Loading）》。

9月，招收硕士研究生李国安。

主持承担院重点科研课题"弹塑性状态下的断裂和疲劳理论的研究"（1982—1985）。该课题实为国家科委项目"材料微观结构和力学性能的研究"的子课题。

1983 年

3月，当选为中国航空学会第三届理事会理事（任期1983—1988年）。

4月，与吴仲华一起赴美考察联合国开发署援助项目"建立燃烧和热能利用技术研究中心"，参观访问了通用电气公司、西屋公司、麻省理工学院、宾州大学以及康奈尔大学等单位。

8月24日，给美国佛罗里达大学海洋工程系William H. Hartt教授发函，推荐薛以年做访问学者。

8月26日，接到卞学鐄来信，谈及下年度访问力学所讲授杂交元、多层模型和蠕变问题等事宜的安排。

9月，招收硕士研究生王洪波、邹荣达及博士研究生屠美容。

承担应用研究类课题"材料和缺口件疲劳损伤的主要影响参量及影响规律的研究"和"低周疲劳寿命估算方法和疲劳理论的研究"（1983—1987年）。

1984 年

1月5日，给香港大学机械工程系系主任周其隆教授复函，感谢邀请徐纪林访问港大机械工程系。

5月，出席第六届全国政协第二次会议，被增补为第六届全国政协委员（任期至1988年）。

6月，硕士研究生张延宏的学位论文《不可压缩非线性分析的有限元法》通过答辩。

6月16日，支部大会讨论通过其加入中国共产党的申请，成为预备党员。

8月22日，研究生梁乃刚获得力学所第一个博士学位，其论文为《有限元分析中大型方程组的择要并缩法》。

9月10日，被聘为中国力学学会《固体力学学报》编委。

9月，出席在峨眉召开的全国第二届疲劳学术会议，宣讲研究报告《超载对平面应力集中问题低周疲劳损伤的影响》。

1985年

4月15日，陪同吴仲华赴日做学术访问，期间在日本有关大学讲学。

6月16日，成为中国共产党正式党员。

6月24日，日本九州大学工学部西谷弘信教授来信谈及访华事宜。

7月4日，出席力学研究所首届职工代表大会，并在大会上发言。

9月9日，被任命为力学研究所第二届学位评定委员会委员，任期1985—1988年。

9月11日，给西谷弘信教授回信，表示欢迎并请其提供学术报告题目。

9月，招收硕士研究生徐桢。

10月7日，参加在北京召开的国际实验力学学术会议，并在会上宣读论文《多重直接散斑技术及其应用》。

10月，被推荐为院内科学基金同行评议人（共计三名院士）。

12月，硕士研究生王洪波的学位论文《海洋平台管状接头的三维有限元应力分析》通过答辩。

1986年

1月，承担国家自然科学基金项目（面上基金）"缺口件低循环疲劳和寿命估算方法"（1986—1988年）。

3月，博士研究生屠美容的学位论文《用白光散斑直接记录法测量平面变形和曲面变形》通过答辩。

3月，博士研究生李英治的学位论文《含表面裂纹三维体及含穿透裂纹板裂纹尖端应力应变场及应力强度因子计算》通过答辩。

9月，硕士研究生邹荣达的学位论文《带中心圆孔复合材料层板的层间应力和层板的断裂强度》通过答辩。

12月6日，出席并主持在桂林召开的第三届全国疲劳学术会议。

12月23日，撰写申请"机械工业技术发展基金项目"课题的可行性报告。

1987年

4月27日，出席中国科学院院长周光召聘请美籍华人科学家林家翘为力学所名誉研究员的受聘仪式。

6月3日，参加在北京召开的材料力学行为国际学术会议，宣读论文《比例超载对应变集中元件低周疲劳寿命和裂纹起始的影响》。

6月10日，赴香港大学机械系做学术访问。

8月，硕士研究生肖忠民的学位论文《大型动力问题的凝缩求解法及其程序实现》通过答辩。

9月7日，参加在德国慕尼黑召开的第二届国际低周疲劳及材料弹塑性行为大会，并宣读论文《超载对应力集中元件低周疲劳的影响（Effect of Overloading on the Low Cycle Fatigue Life of Stress-concentration Member）》。

9月，招收硕士研究生李静。

11月，在《力学学报（英文版）》发表合作论文《利用白光散斑直接法测定曲面变形（Strain Determination on Curved Surfaces by Objective White Light Speckles）》。

承接国家自然科学基金委员会重大项目"金属材料断裂规律及机理若干问题的研究"中的二级子课题"工程材料和应变集中件在变幅载荷下低周疲劳裂纹形成和扩展的研究"（1987—1991年）。

承担机械工业技术发展基金项目中的课题"高低周双频复合疲劳强度研究"（1987—1989年）。

1988年

1月，吴仲华患肝癌，陪同转往上海进行手术治疗。

3月6日，当选为第七届全国政协委员（任期1988—1993年），出席政协第七届全国委员会大会。

3月，在《力学学报》发表合作论文《用白光散斑直接记录法测量曲面变形》。

3月，入选《华夏妇女名人词典》。

5月，在《中国科学A辑》发表合作论文《含表面裂纹三维体裂纹尖端应力应变场及应力强度因子计算》。

5月16日，被任命为力学研究所第六届学术委员会名誉委员以及第三届学位评定委员会委员。

8月，硕士研究生徐桢的学位论文《平面应力问题的循环载荷有限元分析》通过答辩。

1989年

4月30日，与吴仲华一起参加清华十一级校友返校聚会活动。

6月，在《中国科学基金》发表合作论文《材料微观结构与力学性能研究》。

10月，在《中国科学A辑》发表合作论文《含表面裂纹三维体裂纹尖端应力应变场及应力强度因子计算（Fracture-Analysis for 3-Dimensional Bodies with a Surface Crack）》。

1990年

2月，被任命为力学研究所第四届学位评定委员会委员（任期1990—1992年）。

3月，陪同吴仲华访美，在克莱森大学做学术访问，为期四个月。期间还访问了NASA刘易斯发动机研究中心和辛辛那提大学。

6月11日，陪同吴仲华出席在比利时布鲁塞尔举办的第35届国际燃气轮机与航空发动机大会暨展览。其间到冯·卡门航空研究所进行学术访问。

8月，硕士研究生李静的学位论文《超载对纯铝疲劳的影响》通过答辩。

10月1日，作为力学所第一批获准的六人之一，享受国务院颁发的政府特殊津贴。

12月30日，与吴仲华一起向国务委员、国家计委主任邹家华呈报《我国要尽快开始建造一体化煤气化联合循环（IGCC）装置》的建议报告。

1992 年

7月，与吴仲华一起向中国科学院胡启恒副院长等提交《我国开展整体煤气化联合循环（IGCC）方面工作的具体建议》报告。

9月19日，吴仲华逝世。

12月8日，美国加州大学戴维斯分校的土木工程教授和调查委员会主席Leonard R. Heermann来信，请求其对考虑任用陈其业为该校土木工程计算力学教研室成员进行推荐。

被任命为力学研究所第五届学位评定委员会委员（任期1992—1994年）。

承担国家自然科学基金面上项目"超载对应变集中低周疲劳寿命影响的弹塑性分析方法"（1992—1994年）。

1993 年

7月，在《力学学报》发表合作论文《比例超载对铝合金圆孔薄板试件低周拉-拉疲劳寿命的影响》。

8月31日，出席在厦门召开的第六届全国疲劳学术会议，就超载问题作大会报告。

1994 年

1月17日，出席在力学研究所召开的21世纪中国力学研讨会。

4月4日，接到雪城大学的Emeritus教授刘浩文的复信，建议李静去里海大学或布朗大学做研究生。

承担国家自然科学基金面上项目"超载对低周疲劳试件晶体滑移线的影响"（1994—1996年）。

1997 年

5月4日，出席南京金陵中学吴仲华塑像落成仪式。

7月，硕士研究生赵亦兵的学位论文《铝合金试件在拉－拉疲劳载荷下滑移带的观察》通过答辩。

11月7日，出席力学研究所举办的庆贺李敏华院士80华诞活动。

1998 年

1月，担任中国力学学会第六届理事会名誉理事（任期1998—2002年）。

4月26日，参加清华十一级校友返校聚会活动，发表《忆念吴仲华》。

1999 年

4月25日，参加清华十一级毕业60周年庆祝大会。

2002 年

1月，担任中国力学学会第七届理事会名誉理事（任期2002—2006年）。

2005 年

10月16日，出席庆贺黄茂光教授90华诞活动，为纪念文集《固体力学进展及应用》题赠"学海探索添华彩，教书育人树英才"手迹。

2006 年

1月，担任中国力学学会第八届理事会名誉理事（任期2006—2010年）。

2007 年

7月27日，参加中国科学院工程热物理所纪念吴仲华先生诞辰90周年活动，出席吴仲华塑像落成仪式。

10月,《固体力学进展及应用——庆贺李敏华院士90华诞文集》正式出版。

11月5日,出席力学研究所庆祝李敏华院士诞辰90周年活动。

2011年

1月,担任中国力学学会第九届理事会名誉理事(任期2011—)。

2012年

9月18日,在北京大学附属医院神经内科被诊断罹患大面积脑梗死、脑萎缩和椎体外系综合征。

11月1日,力学所副所长戴兰宏、所长助理朱涛到家中探访,祝贺李敏华院士95岁华诞。

2013年

1月16日,力学所所长助理朱涛陪同中国科学院院士局技术信息办公室主任张家元等到家中探访慰问。

1月19日,在家中离世,享年96岁。

附录二 李敏华主要论著目录

论 文

[1] Lee Wu MH. Analysis of plane-plastic-stress problem with axial symmetry in strain-hardening range [J]. NACA TN 2217, 1951.

[2] Lee Wu MH. Linearized solution and general plastic behavior of thin plate with circular hole in strain-hardening range [J]. NACA TN 2301, 1951.

[3] Lee Wu MH. General plastic behavior and approximate solutions of rotating disk in strain-hardening range [J]. NACA TN 2367, 1951.

[4] Lee Wu MH. A simple method of determining plastic stresses and strains in rotating disk with nonuniform metal properties [J]. Appl. Mech., 1952, 19(4): 489-495.

[5] Lee MH. Effect of stress strain relations of material on solution of plane-stress problems with large plastic deformation [J]. Appl. Mech., 1957(8): 156-165.

[6] 李敏华. 材料的应力应变曲线对于塑性平面应力问题的解的影响 [J]. 力学学报, 1957, 1(1): 77-94.

[7] 李敏华, 王仁. 塑性应力应变关系总结 [J]. 力学学报, 1958, 2(2): 167-180.

［8］Lee Ming-Hua, Pei Ming-Li. Thick-walled cylinder with non-homogeneous strain-hardening characteristics under internal pressure［C］.//Proc of an I.U.T.A.M. Symposium on non-homogeneity in elasticity and plasticity, 1958: 167-170.

［9］李敏华. 对塑性变形问题的一些看法——并答王仁同志的书评［J］. 力学学报, 1962, 5（2）: 133-142.

［10］李敏华, 李旭昌, 周允芬. 梁在短时受热受力下的弹塑性弯曲［J］. 航空学报, 1965, 1（2）: 44-61.

［11］李敏华. 板壳的蠕变屈曲、热屈曲和热变形［J］. 力学情报, 1973（1）: 46-49.

［12］李敏华. 变截面圆轴扭转问题用非正交曲线坐标的新解法［J］. 固体力学学报, 1980, 1（2）: 159-169.

［13］李敏华, 韩子键, 任孝安. 发动机涡轮轴在扭矩作用下的应力分析［J］. 航空学报, 1980（2）: 12-23.

［14］Lee MH, Ren XA. A new method for torsion of shaft with variable diameter using non-orthogonal curvilinear coordinates and its application［C］.//Proc. of AIAA/ASME/ ASCE/ AHS 22nd Structures, Structural Dynamic and Materials Conf., 1981: 1-6.

［15］Lee MH, Tu MR. Multi-objective-speckle technique and its application. Beijing, China: Proc. of Inter'l Conf. of Experimental Mech., 1985, 392.

［16］Tu Meirong, Li Minhua, Han Jinhu. Strain Determination on Curved Surface by Objective White Light Speckles［J］. Acta Machanica Sinica, 1987, 3（4）: 363-369.

［17］Lee MH, Wang Z J, Zhou AH. Effect of proportional over-loading on the life of low cycle fatigue crack initiation of strain-concentrated member［C］.//Proc. of Inter'l Conf.Behavior of Materials-5, 1987: 671-676.

［18］屠美容, 李敏华, 韩金虎. 用白光散斑的直接记录法测量曲面变形［J］. 力学学报, 1988, 20（2）: 135-141.

[19] 李英治，李敏华，柳春图，等. 含表面裂纹三维体裂纹尖端应力应变场及应力强度因子计算[J]. 中国科学 A，1988，18（8）：828-842.

[20] 李敏华，毛天祥，周爱华，等. 比例超载对铝合金圆孔薄板试件低周拉-拉疲劳寿命的影响[J]. 力学学报，1993，25（4）：492-495.

著 作

[21] 李敏华. 硬化材料的轴对称塑性平面应力问题的研究[M]. 北京：科学出版社，1960.

[22] 李敏华. 塑性力学讲义[M]. 中国科学技术大学近代力学系，1960.

参考文献

[1] 李敏华. 自传[M]. 内部档案资料, 1955.

[2] 周行健. 华夏妇女名人词典[M]. 北京: 华夏出版社, 1988.

[3] 何仁甫, 郭梅尼. 中国女院士[M]. 沈阳: 辽宁人民出版社, 1995.

[4] 钱令希. 中国科学技术专家传略·工程技术编·力学卷2[M]. 福州: 福建教育出版社, 1997.

[5] 李和娣. 固体力学进展及应用——庆贺李敏华院士90华诞文集[M]. 北京: 科学出版社, 2007.

[6] 杨敏德. 教育之桥——从清华到麻省理工[M]. 香港: 香港溢达集团, 2011.

后 记

撰写《碧空丹心：李敏华传》对于我们而言，其中的困难是不言而喻的。首先，我们是理工科出身，1964年从中国科学技术大学近代力学系毕业以后，一直在中国科学院力学研究所从事力学学科的研究工作，对于"口述科学史"这个专有名词是第一次听说，更不用说亲自提笔写作了。其次，接受采集工程任务时，李敏华院士已经94岁，由于年事已高，她本人已无法表述其学术成长的历史脉络。记得几年之前，她90岁时还可以接受"腾讯科技"采访。尽管那个时候的采访是采取一种特殊的模式：主持人问她问题，她回答"是"或"否"。但是，到了2011年9月，当我们进行直接采访时，再想进行哪怕是"腾讯科技"那样的"采访"已经不可能了。因为李敏华体力不支、脑力不佳，许多事情已经"记不得了"，甚至连说"是"的力气都没有了，有的时候就是点点头，有的时候只能是闭目养神了。而且，此前已出版的关于李敏华的传记性、回忆录性资料不仅数量少而且篇幅短。该如何着手开展此项工作呢？我们只能一方面努力寻找直接访谈的历史资料，一方面加强间接访谈和实物资料采集工作，通过大量的调查研究来挖掘关于李敏华学术成长历程的各种史实。

令人欣慰的是，2011年3月正当参加培训班学习的时候，我们收到一份1988年吴仲华、李敏华夫妇接受王德禄和美国在华专家K.Dugan（中文名为杜开昔）采访的录音整理稿。王德禄当时是中国科学院政策研究室的工作人员，和美国在华专家杜开昔进行合作研究从事《1950年代回国留美科学家》课题，其间曾采访了40位留美回国的学者，包括吴仲华和李敏华。后来王德禄离开了中国科学院，但现在又想把这个中断了的课题继续下去，所以将1988年采访录音整理稿寄给了李敏华，请她澄清几个问题。当我们得到这次直接访谈录音资料并重新仔细判读后，发现他们整理的文稿相当概略，可能是因为关注点不同而"疏漏"了一些对我们来说相当重要的史实。例如，我们原来只知道李敏华在美国麻省理工学院获得博士学位时，当地报纸对这位"MIT第一位工科女博士，两个孩子的母亲"的东方女士有所报道，但一直不知道是哪份报纸，通过听取这个录音才搞清楚。又如，现有的资讯说"吴仲华、李敏华去NACA的路易斯研究中心工作是美国国会批准的"，通过听取这个录音才搞清楚美国国会只是限定该研究中心招聘外国学者的名额数量。后来，我们又找到2001年李敏华在毛天祥的陪同下接受中央人民广播电台采访的录音（现在听来还特别的亲切！），使我们又获得了一个直接访谈资料。当然，前面提到的"腾讯科技"访谈资料，尽管只是文字稿，但那也是李敏华亲自讲述影响其学术成长的事件与人物的一个记录。除了这几个访谈资料外，毛天祥作为李敏华的研究生，还先后参与撰写了《中国科学技术专家传略·工程技术编·力学卷2》（以下简称《传略》）和《20世纪中国知名科学家学术成就概览·力学卷》（以下简称《概览》）中有关"李敏华篇"的工作，对李敏华的事迹积累了不少直接的感性了解。需要特别指出的是，在撰写李敏华《传略》时，李敏华尚不到80岁，那篇传记文章虽然署名"毛天祥"，但其中的内容全部是由李敏华亲自提供的，发表前还通过了她的严格审核。后面的《概览》则是在《传略》基础上进行适当扩充而完成的。值得庆幸的是，我们在李敏华的人事档案中采集到她于1955年6月29日手书的、呈交给中国科学院的一份《自传》，其中对她本人从出生到回国期间长达38年的亲身经历和思想变化做了全面而细致的说明。可以说，我们手头汇集了一些李敏华本人提供或认可的传记性文字。这样，尽管现在李敏华无法畅谈她本人的成长历程，但是我们确实掌握着关于李敏华学术成长经历的直接资料，可以开展相关的分析研究工作。

当然，要完成这个传记，仅凭《自传》《传略》和《概览》这样几份基础资料显然是远远不够的，我们还需要掌握许多史实的细节，才能饱满地展现李敏华学术成长过程的内涵与特色。直接访谈不尽如人意，我们只好从间接访谈入手了。而且，我们通过一年多采访相关人士的工作深切感受到：在某种意义上讲，他人的介绍可能可以更全面、客观地反映出李敏华的人品、特性和影响等。例如，我们首先采访了李敏华在 20 世纪 80 年代的助手任孝安，得知在李敏华办公室的"铁皮柜里有好多从未示人的宝贝"，于是在力学研究所保卫处的协助下打开了这个保险柜，经过一个多月的清理，发现了一批弥足珍贵的资料：李敏华在美国麻省理工学院读研期间的学习笔记、课外作业、考试试卷，李敏华的硕士论文、博士论文手稿与博士论文送审稿以及硕士学位、博士学位证书，在美国国家航空咨询委员会和纽约布鲁克林理工学院工作的总结文件、发表论文、来往信件以及工作人员通讯录，被吸收为西格玛 Xi 学会预备（副）会员和正式会员的证书，还有回国后向中国科学院提交的国外主要工作成绩总结（手稿）等。又如，通过采访李敏华在清华大学、西南联大和美国 MIT 时期的同学白家祉教授，确认了李敏华在 MIT 时热力学考试第一名的史实，获赠了一批有关清华大学十一级的级史资料，并得知香港溢达集团出版《教育之桥——从清华到麻省理工》的情况。随即，毛天祥写信给溢达集团总裁杨敏德女士索书并获得了惠赠，它对于我们了解麻省理工的背景环境与中国留学生的情况颇有裨益。再如，通过对伍小平院士、朱滨教授和张培强教授等人的采访，我们认识到李敏华对于中国科学技术大学固体力学专业形成先进教学理念和体系方面起到的开创性作用，这是她对于我国高等教育事业的贡献，作为科研人员，我们原来对此方面体会是不够深刻的。总之，为了更好更多地采集李敏华的资料，我们想尽了各种办法，包括利用毛天祥赴美探亲的机会去实地考察和委托李敏华在美国哈佛大学任教的学生李国安又采集到一批重要的资料：在 MIT 的学习成绩单、参加硕士及博士毕业典礼的仪式记录、博士论文、硕士论文等，在康桥 MIT 读研时居住的研究生宿舍及在纽约 PIB 工作时居住的公寓楼房的照片，李敏华博士导师邓·哈托及其先师铁木辛科、普朗特等人的资料以及 MIT、NACA 与西格玛 Xi 学会等机构单位的演化史。

  这份传记不能像常规的研究论文那样来撰写，我们在写作中努力做到和李敏华的心神不断地交流，用心地表述她是如何从一个江南柔弱娇小的女子一步步走来，成为国立西南联大航空学系的第一位女毕业生，成为美国麻省理工学院的第一名工科女博士，成为中国塑性力学的开拓者和引路人，成为中国科学院技术科学部第一批通过民主评议选举出来的学部委员（院士）。我们反复研读、分析采集到的李敏华的生活时代、家庭背景、求学经历、师承关系、科学研究以及培养人才等方面的种种资料，从内心体味对李敏华科学成就产生深刻影响的环境、事件和人物。尽管如此，鉴于水平的限制，我们依然与上述目标有不少差距，并期望得到科学史专家的指教。就现在达到的认识，对于李敏华的学术成长历程，我们梳理出三条主要的历史脉络。这里，向读者简要陈述一下我们得到这一认识的缘由：（1）李敏华生于国难、长于忧患，其成长历程深深镌刻着时代的烙印。她在《自传》里写到所经历的社会背景对自己的影响：少年时便从老师那里知道"国耻是不好的"道理，青年时亲历了日本飞机轰炸上海滩事件以及中国飞行员撞机的壮举……这些使她形成了"理工救国"的信念，从而激励她在抗战的艰难困苦中高唱校歌"中兴业，须人杰"的歌词而求学不辍，激励她从大学三年级改学了航空工程且把一生的精力都奉献给航空事业，激励她果断地辞去在 NACA 的理想工作而转入 PIB 从事非涉密的研究以便为回国做准备，激励她毅然抛弃在美国的优异工作与生活条件举家绕道欧洲回到北京，为新中国的力学事业奋斗终生。（2）李敏华之所以能成为一名女科学家，甚至在照料两个孩子的情况下获得美国麻省理工的工科博士学位，源于她自幼就形成了"妇女要平等，要独立"的理念，这和她有一位开明的母亲以及少年时期就学于振华女学和务本女中等息息相关。以振华女学为例，我们 2013 年夏天到苏州第十中学（原振华女学）采访时，学校的办公室主任杜勇对我们说：在 2006 年振华女学建校 100 周年时，李敏华先生主动给他们写信说"我也是振华的"。学校查遍了所有毕业生的学籍档案没有找到李敏华的名字，后来发现李敏华先生只读了半年就转学到上海了；但学校欣然为她在"闻道廊"里建了石匾额，以鼓励后学。另外我们2012年7月开启李敏华先生办公室的保险柜时，在一份李敏华亲笔填写的履历表中，发现有"振×女中附小"的条目，但其中的"华"字辨认不清。我们当面向李先生求证，她在将近九十年后居然能够脱口说出："是振华"。而在那个时候，我们在进行直接访谈时曾试图询问李先生许多问题，她大部分都说"记不清了"。只有像问她"您有几个儿子"这样的问题时，她才会脱口而出地说出来："两个"。由此可见"振华"在李先生心中的分量，所以我们一直认为振华是李先生成长历程中一个重要的节点，是不能舍去不说的，尽管只读了一个学期，但其影响却是终身的。(3) 李敏华院士受教于清华大学、西南联大以及美国麻省理工等名校，并受惠于名师教导，特别是在麻省理工的四年读研经历以及博士生导师邓·哈托的亲授指导，使她在学术上得以承袭现代应用力学哥廷根学派的学风。20世纪90年代，在编写《中国科学技术专家传略·工程技术编·力学卷2》中的"李敏华"条目时，李敏华亲自选定的参考文献只有两个，其一就是邓·哈托的著述《Mechanical Vibrations》。再联系到李敏华多年来在力学所指导助手和学生时一贯坚持的"要解决工程实际的需求"的学风，这样就促使我们去采集邓·哈托及其先师铁木辛科、普朗特等人的资料。正是这样的师承关系、这样的学派学风引导她在塑性力学领域取得了一个又一个突破，成为蜚声中外的固体力学家。当然，李敏华的正直奋进、执着坚毅、聪颖好学的个人秉性也是她得以不断在学海中探求拓进的内禀特质，而李敏华院士与吴仲华院士"相濡以沫，共同奋斗"的状态一直支撑着她的事业。可以说家庭、学校与社会环境是孕育大师的温床，个人品格、气质与天赋影响大师学术成就的获取。我们希望这部传记能够展现李敏华院士的成就、精神与风貌，作为一个史实确凿、立论有据的史料，能为社会和后人留下可供参阅的精神财富。

这里，我们要向所有接受我们访谈的人士表示深切的谢意。除了王自强、伍小平、吴有生、洪朝生、杜善义、郑哲敏和白以龙7位院士外，接受访谈的还有任孝安、吴文权、何明元、吴阜肤、薛以年、刘守熹、申仲翰、刘正常、王秀喜、吴用舒、沈庆、吴明、李旭昌、林家浩、王兆生、靳征谟、白家祉、柳春图、李禾、李佩、梁乃刚、张双寅、姜伟、杨成寿、吴永礼、栗彦、朱滨、张培强、程敏玖、戎善梁、俞锡桥、朱荣良、徐源彦、范元勋、毛天祥、卢锡年、韩金虎和柯受全（以上均按接受访谈先后次序排列）。他们与李敏华院士或者同过学，或者共过事，或者受过教导，或者有过接触，都是这段历史的亲历者。他们热情接受邀请、认真回忆往事、精心准备素材，使得访谈内容从不同侧面对李敏华院士做出了立体化的表述，为采集工作的完成做出了贡献。

在本传记定稿之际，2013年1月19日上午10点10分，李敏华院士在家中平静地离开了人世。作为她的后学，我们仅以此部传记为载体，表达对大师的敬仰之情。

毛天祥　王柏懿
2013年1月27日
完稿于李敏华院士遗体告别仪式结束之时

老科学家学术成长资料采集工程丛书
已出版（50种）

《卷舒开合任天真：何泽慧传》　　　　《此生情怀寄树草：张宏达传》

《从红壤到黄土：朱显谟传》　　　　　《梦里麦田是金黄：庄巧生传》

《山水人生：陈梦熊传》　　　　　　　《大音希声：应崇福传》

《做一辈子研究生：林为干传》　　　　《寻找地层深处的光：田在艺传》

《剑指苍穹：陈士橹传》　　　　　　　《举重若重：徐光宪传》

《情系山河：张光斗传》　　　　　　　《魂牵心系原子梦：钱三强传》

《金霉素·牛棚·生物固氮：沈善炯传》　《往事皆烟：朱尊权传》

《胸怀大气：陶诗言传》　　　　　　　《智者乐水：林秉南传》

《本然化成：谢毓元传》　　　　　　　《远望情怀：许学彦传》

《一个共产党员的数学人生：谷超豪传》《没有盲区的天空：王越传》

《含章可贞：秦含章传》　　　　　　　《行有则　知无涯：罗沛霖传》

《精业济群：彭司勋传》　　　　　　　《为了孩子的明天：张金哲传》

《肝胆相照：吴孟超传》　　　　　　　《梦想成真：张树政传》

《新青胜蓝惟所盼：陆婉珍传》　　　　《情系梁菽：卢良恕传》

《核动力道路上的垦荒牛：彭士禄传》　《笺草释木六十年：王文采传》

《探赜索隐　止于至善：蔡启瑞传》　　《妙手生花：张涤生传》

《碧空丹心：李敏华传》　　　　　　　《硅芯筑梦：王守武传》

《仁术宏愿：盛志勇传》　　　　　　　《云卷云舒：黄士松传》

《踏遍青山矿业新：裴荣富传》　　　　《让核技术接地气：陈子元传》

《求索军事医学之路：程天民传》　　　《论文写在大地上：徐锦堂传》

《一心向学：陈清如传》　　　　　　　《钤记：张兴钤传》

《许身为国最难忘：陈能宽》　　　　　《寻找沃土：赵其国传》

《钢锁苍龙　霸贯九州：方秦汉传》　　《虚怀若谷：黄维垣传》

《一丝一世界：郁铭芳传》　　　　　　《乐在图书山水间：常印佛传》

《宏才大略：严东生传》　　　　　　　《碧水丹心：刘健康传》